JN034163

大人を本気にさせる子どもたち

── 社会とつながる
リアル・プロジェクト学習

金沢大学附属小学校 教諭　福田　晃

株式会社こはく　山田 滋彦

　本書は、学校の垣根を崩し、社会とリアルにつながる学びを題材にした書籍です。学校の教室を飛び出し、大人も解決できないような社会的な課題を目の前にした時、子どもたちは本気になって解決に向けて取り組みはじめます。やらされている学びから、やりたいから動くというオーセンティック（本物の、正真正銘の）な学びへとシフトしていきます。子どもたちは、驚くほど自分たちで動き出します。

　また、その学びのプロセスで生じる社会とのつながりの中で、多くの人と接していくことになります。子どもたちのもつ熱が伝わるにつれて、当初は深く関わるつもりはなかった大人たちも、少しずつ学校や子どもたちへの見方を変えていきます。学校教育に関わることによって有益なものが得られることに気づき、行動を変容させていくのです。【学校への協力】から【学校との協働】にシフトしていきます。さらにはその人たちが、学校と関わる前には行っていなかったような取り組みへと動き出します。

　子どもも大人も、双方の立場から社会的課題に取り組んでいく中で、ほんの少しかもしれませんが、社会的なムーブメントが起こります。リアルにつながる学びが構築されることは、子どもたちにとってはもちろん、学びに参画する人にとっても大きなプラスとなります。

　本書では、私が担任する金沢大学附属小学校3・4年複式学級での2年間における授業を取り上げ、どのように学びが展開していったか、子どもたちが自発的に課題に向かうために何をしていたか、社会とどのよ

うに関わってきたか、教室と社会がつながるために水面下でどんなことを行ってきたかなどについて取り上げていきます。

　2019年度には、地元の「空き家問題」解決の一環として、子どもたちは町家で新たな体験事業の提案をし、実現を目指しました。その体験事業の一つに「金沢からかみ」という伝統技法を体験するものがありました。その「金沢からかみ」の商品は、あまり世の中に認知されておらず、大々的な販売も行われていませんでした。それが、学びの中でクラウドファンディングが行われ、人々に知ってもらうことで販売を担う合同会社ふるーたすの設立へと繋がります。さらに、2020年には、子どもたちが金沢市役所オリンピック関連推進事業室と協働で金沢からかみのうちわ制作に取り組み、フランス水泳パラリンピック代表選手に届けられました。金沢からかみが海外へと広がり、交流のきっかけとなったのです。

　これらは、全て子どもたちの熱量から引き起こされました。このわくわくするような授業とその展開、そのための仕掛けを、みなさんにお届けすることができれば幸いです。そして、本書が学校と社会の垣根を崩すきっかけの一助になれば大変ありがたいです。

　本書を執筆するにあたり、きっかけをあたえてくださった前田康裕先生、何度も原稿をチェックいただいたさくら社の良知令子さんをはじめとした同社のみなさん、子どもの可能性が社会をかえるプロジェクトのメンバーのみなさんには大変お世話になりました。また、本書で取り上げた実践は複式学級の子どもたちや保護者のみなさん、実践パートー

ナーの方々、盛一純平学校長をはじめとした金沢大学附属小学校の同僚の先生方の支えがあったからこそ行うことができました。

　なお、この実践の着想は自分だけのものではなく佐藤幸江先生、加藤隆弘先生、村田直江さん、小林祐紀さん、山口眞希さん、D-project のみなさん、故岡部昌樹会長、村井万寿夫会長をはじめとした石川県教育工学研究会のみなさん、NHK for School 旧タブレット研究会の先生方、山本昌猷先生をはじめとしたわいわいセミナーの先生方、松本亮先生をはじめとする金沢市立十一屋小学校の先生方、河田祥司先生、近藤睦先生、鈴木広則社長、爲聰隆さん、森下純一さんをはじめとするスズキ教育ソフト株式会社のみなさんからいただいたものです。そして、学生の頃から今もなお育ててくださっている中川一史先生には、教員としての枠組みを広げる機会をいつもいただいております。

　関わってくださったすべての方にこの場を借りて、感謝申し上げます。
　最後に家族にも感謝を込めて！

金沢大学附属小学校

福田　晃

VUCA（Volatility「変動性・不安定さ」、Uncertainty「不確実性・不確定さ」、Complexity「複雑性」、Ambiguity「曖昧性・不明確さ」）と呼ばれる不確実性の高い時代には、環境の変化に自らや所属する組織を適応させていくことが必要です。この適応ができなければ、市場の激しい競争の中で淘汰されていくことは間違いないでしょう。特に2020年は100年に1度と言われる新型コロナウイルスの感染拡大により、2020/4-6月期の国内総生産（GDP）速報値は戦後最大の落ち込みを記録し、多くの産業は危機的状況に直面しています。一方でコロナ禍は悪いことばかりではなく、これまで日本社会や地域で進まなかった改革を促し、本質的な価値を持つサービス以外は淘汰されるターニングポイントになり得ると考えています。例えば、ニューノーマル（新常態）と呼ばれる新しい生活様式が浸透し始め、リモートワークを始めとするデジタルの活用の加速は一例だと考えています。

　私は10年前から町家再生に関わる中で地域の魅力と可能性を感じ、3年前に金沢へ移住し体験事業をスタートさせ、町家を再生した宿泊施設を拡大させてきました。地域で事業を始めそして成長させるためには、地域の住民・事業者・行政等の地域を支える様々な方々からの協力を得ることは不可欠で、今の私が存在するのは地域の方々の協力のおかげだと考えています。しかしながら、地域の魅力をさらに発信し継承させるためにあえて言うと、地域に住み事業を行う中で、地域や日本社会の「思考停止」と「縦割り」の深刻さを再認識しました。例えばVUCAやニューノーマルが浸透する中でも前例踏襲型や縦割り型の取り組みが多く、現

在の環境に合わせて課題を再定義せず過去の成功体験を継続していることは、みなさまの周りにも多く存在し、周知の事実だと思います。

　金沢移住前に私は米系コンサルティング会社で民間企業の変革に関わっていましたが、民間ではグローバルでの激しい競争に勝ち抜くために業界横断のコラボレーションや、過去ではなく未来起点で発想すること（バックキャスト）が当たり前になっています。みなさんにも馴染みが深い、「ヒートテック」はユニクロを運営する株式会社ユニクロと素材大手の東レ株式会社が 2003 年に共同開発した商品です。両社の連携は年々進化し続けており、近年では回収した古着を再利用した商品の開発も進めています。両社の連携で特に素晴らしいと考えることは、機能性肌着を一般化させた（新しい市場の創造）ことと社会や事業環境に合わせて連携度合いを進化させてきたことです。ここでは詳述を避けますが、2000 年からスタートした両社の取り組みは商品開発に留まらず、グローバルでの生産も 10 年以上前から始めています。業界横断のコラボレーションや大手企業間の話だけではなく、大手企業と中小企業間でも常態化し、行政や地域社会を巻き込んだスーパーシティ構想のようなコラボレーションも加速しています。

　民間企業では加速する業界横断のコラボレーションがなぜ地域や日本社会レベルでは進まないのか？それは過去と同じことをやることが当たり前になっている「思考停止」状態と変わる必要性が無い（困っていない）からと考えています。後者はコロナ禍において経済的な問題が顕在化し変わる必要性は広く認識されつつあるため、「思考停止」状態をい

6

かに脱出するかがより重要だと考えています。

　2019年から金大附属小の授業に関わる中で気づいたことは、子ども
や学校が持つ「発想力」や「実行力」が「思考停止」を抜け出すカギと
なる可能性です。私は今後も学校が持つ「発想力」と「実行力」と連携
することにより地域の魅力を発信・継承させる取り組みを継続させ、ま
た学校との連携による世の中への価値をより多くの方々にお伝えするた
めの本書を執筆することにしました。

株式会社こはく

山田滋彦

1章　学習をはじめる前に

2章　探究に向かう集団の素地づくりと大目標の設定

金沢町家にどっぷりつかる

 4章　町家での事業内容の検討、
そして提案

5章　水面下の取り組み

6章 金沢からかみのさらなる発展

7章 子どもの探究を支える仕掛け

◆ **8章** **学びの越境を生み出す ヒューマンネットワーク**

◆9章 パートナーからの異なる視点

※なお、本書では、1時間の授業のみ関わる方を「ゲストティーチャー」、長期的に授業に
　関わる方を「実践パートナー」と表記することにします。

学習をはじめる前に

◇カリキュラムに縛られない

　子どもの実態が変われば、間違いなく学習の展開も変化します。探究的な学びで目指すものの本質は同じだとしても、課題解決のアプローチ方法は異なってくることもざらにあります。そもそも、カリキュラムに明記された「〇月に～に見学に行き、□月に発表会を行う」などといった取り決めはあくまでも参考にすべきことであり、これを遵守することが目的ではないはずです。カリキュラムに基づく前例をなぞった"それっぽい学習"からいかに脱却していくか──つまりはカリキュラムに縛られないこと、これが大切だと考えています。

　大きな可能性をもつ総合的な学習の時間も、教師の創意工夫なしでは、無難な実践で終わってしまいます。

　平成14年に全面実施された総合的な学習の時間は、その誕生から18

年間の歳月の中で様々な実践が行われてきました。当初は総合的な学習の時間に関する書籍もさまざまに発行されていましたが、残念ながら今はそう多く見られなくなりました。総合的な学習の時間という教科そのものに関心をもつ教員が少ないのかもしれません。現在のカリキュラムは、先人がつくり上げてきた実践をベースに作られています。

　総合的な学習の時間は、未来の創り手を育成しうる可能性を大いにもつものです。一方で、その実践のあり方について、見直すべき時期が来ていると考えています。ただ、カリキュラムに縛られないということは（聞こえはいいものの）、実践の構想段階で具体的にどのようなことをすればいいのかわかりにくくもあります。

　本章では、実社会とリアルにつながる中で学びが展開されていくという総合的な学習の時間の授業づくりについて、河田祥司氏（高松市総合教育センター研修係長）から学び、私が行ってきたことを紹介します。

◇探究に耐えうる題材の設定

　実社会とリアルにつながる中で学びを展開していくためには、探究に堪えうる題材とその切り口の設定が大切です。その設定に際し、河田氏は、「取り上げる題材は地域の中で大きなプラスまたは、大きなマイナスのどちらかの要素をもっているものにすべきであり、プラスもマイナスも見出せない中途半端なものは取り上げるべきではない」と言われました。

　私が初任時に担任をしていた5年生の総合的な学習の時間の年間テーマは「環境」でした。ざっくり言うと、「校区内にある犀川を調べて発表しよう」という内容です。金沢の男川と称される犀川に、実際に見学に行き、興味をもったことをインターネットで調べ、壁新聞にまとめ、そこから派生して個人テーマを設定し、最終的に調べたことをクラスの

仲間に伝えるという内容だったことを記憶しています。取り上げた犀川は、「校区にある川」という理由だけで取り上げたため、社会とリアルにつながりながら課題が常に目の前に現れるような展開にはなりませんでした。相手意識や目的意識が明確ではなかったため、大きな盛り上がりもなく終わってしまったのは、当然のこととともいえます。

　では、犀川を「加賀藩の時代から愛されてきた幻のゴリ※がよく採れていた川」という切り口で捉えたとしましょう。「採れていた」という過去形では、マイナスの面が取り上げられているようにも思えますが、漁獲量減少の原因の究明、環境保全や生育数増加に向けて取り組む人々などについての探究を進めることで、同じテーマも全く異なる見え方になると思います。環境保全や生育数増加に向けて取り組む人々とのコラボレーションの可能性も十分にあるのではないでしょうか。

　また、題材に取り上げるかどうかを判断する際には、題材を中心においたイメージマップでイメージを広げていくことをお勧めします。イメージマップを広げていく中で、その関連性から大きなプラス／マイナス要素を子どもたちが見出し、おもしろさを感じることができれば、第一段階は OK です。

※川底に生息する淡水魚、ハゼやカゼカの仲間で環境の変化により、現在は高級食材となっている。

◇ヒューマンネットワークの素地づくり

　いくら題材がおもしろかったとしても、その題材をいかすことができる「人」を見つけることができなければ不十分です。どのような題材も、そこに関わる「人」から学ぶことが最も大きいからです。

　授業が進み、題材と深く関わる人に出会う中で、子どもたちは、その人の題材に対する思いや熱に大きな影響を受けます。これにより、題材そのものへの探究心や興味関心が一層高まります。ですから、何とかして、題材に対しての思いや熱をもつ人を授業過程に位置付けなければな

りません。そのために教師は、授業に関わってくれる人を見つけることが必要です。

　前項で述べた題材のイメージマップを見ながら、どのような人がいるかを考え、リサーチします。WebやSNSを活用すれば、たいてい具体的な組織や人のイメージがもててきます。そうして目星をつけた組織や人にコンタクトを取ります。この段階では、いきなり授業の構想を伝えるというより、まずは、その人の取り組みについてインタビューするという感覚です。話をしていく中で盛り上がれば、授業の構想やこちらの思いを伝えてもかまわないかもしれませんが、あくまでも相手の話を聞くことをメインにしたほうがよいでしょう。

　イメージしていた内容とすり合わせながら聞き、自分の構想する内容とうまくマッチしそうであれば、「授業をすることが決まったら、どこかで子どもたちに話してもらえませんか」と打診します。話を聞いたその場でお願いをするのではなく、後日電話やメールなどでのお願いでも構いません。

　この時点では、「まぁ、何らかのカタチで…」とか「仕事があるので、可能な範囲で…」などという程度で積極的な回答を得られないこともありますが、問題ありません。最初から具体的なスケジューリングや、子どもたちの授業をどうつくるか、といったところにまで話が進むことはごく稀です。大半の人は、「学校から話が来たので、無碍に断るのもよくないし、ひとまず協力しようかな」といった消極的な感じです。

　このような感じで全く問題ありません。この時点では、「数」を大切にします。積極的な人がいるに越したことはありませんが、消極的でもいいので数人から承諾がほしいところです。その人を介して、ネットワークが広がる可能性があるからです。

　それに、当初は「協力する（してやる）か」という【学校への協力】だったのが、子どもたちとふれあう中で、後々「彼らと何かできないかな」という【学校との協働】にシフトしてくれる人がいます。

このコンタクトを取る最初の一歩が、なかなか踏み出せないのです。大丈夫かなと不安になったり、時間がかかったりすることから、抵抗感をもってしまいがちです。ですが、授業構想の段階でこのヒューマンネットワークの素地づくりができるかどうか、ここが授業の成否を分ける大きなポイントです。この時点で見込みがなかった場合は、授業での題材化は避けたほうがよいでしょう。

　ただ、これは慣れてくると非常に楽しいです。新たな出会いがありますし、実際に人の話を聞くうちに授業の構想が間違いなく広がることになります。

◇「点」を置く指導計画から「線」を引く指導計画へ

　題材が決定したら、次は具体的な指導計画です。ここで注意しなければならないのは、明確な計画を立てすぎないことです。

　教員の性として、真剣に取り組めば取り組むほど、ここに時間をかけ、緻密なものを練り上げてしまいます。出たとこ勝負で成立するほど授業づくりは甘くはありませんし、授業時数、クラスの実態など様々な事象が絡みあって授業は成立するわけですから、長期的な視座も必ずもっておかなければなりません。間違いなく指導計画は必要です。ただ、この緻密な指導計画そのものが実践の幅を狭めてしまいがちです。授業展開がシナリオのようになってしまうのです。実際の授業において、目の前にいる子どもたちを、自分の描いたシナリオ通りの方向に、ただただ流し込んでいくことになってしまうのです。指導計画に位置付けたことをゴールイメージとしてしまうので、新たに子どもから斬新な考えが出たり授業展開の中で実践パートナーからおもしろい取り組みを打診されたりした時に、その方向へ大きく舵を切りにくくなるのです。

　ちなみに、かくいう私自身、指導計画に縛られ、ずっと脱却できずにいました。自分で授業をしながら、心の中で「ごめんね」と思ったり、

年度末に「あの場面であの子のアイディアを拾ってあげていれば、もっと違った展開になっていたな」と反省したりすることが続きました。

　これについて前出の河田氏は、「学習展開の中に点を置いていくのではなく、こんなことができればよいという線を引くイメージで計画を立てることが重要である」と語られました。

　これまで私は、指導計画の中に「〇〇を〜で発表する」や「□□を作る」といった明確な活動を位置付けてきました。これは、いわば「点」の指導です。学習成果をまとめてアウトプットするような場面で、「お世話になった方に向けて自分たちの学びと変容を伝える成果報告会を設定する」という指導計画はまさに「点」であり、学習成果報告会を設定することが目的化し、その方向に導いてしまいがちです。

　ところが、「自分たちの学びと変容をお世話になった方に伝える場を位置付ける」という抽象度の高い「線」を指導計画に位置付けた時には、そもそもどんな方法でその線を越えるかということを子どもと共有していかなければなりません。リーフレットを作るという展開も考えられますし、場合によっては Web ページを構築するという展開も考えられます。

　引いた「線」をどんな形であっても越えればいいわけですから、様々なアイディアが出てきます。柔軟に舵をきりながら、子どもとともに学びを展開していくことが可能です。この指導計画に「点」を置くか「線」を引くかによって、自身の授業づくりは大きく変わります。

探究に向かう集団の素地づくりと大目標の設定

2章

◇インパクトのある事象から題材への興味をもたせる

　いくら素晴らしい食材を集めても、調理に手を抜いてしまっては、微妙な料理にしかなりません。その題材に対する探究心をいかにして子どもたちにもたせるかが授業のキモになります。

　その探究心を高めていくための第一段階として、本当に気を張るのは題材との出合わせ方です。この題材との出合わせ方次第で、その後の展開に大きな差が出ます。子どもたちからどんどん疑問が出てきたり、調べたくなったりすることが理想です。ここでコケてしまうと、その後の展開を、教師が力ずくで引っ張っていくことになりかねません。「〜をします」や「〜しよう」という指示に近い言葉が多発してしまうのです。こうなるとお互いにしんどくなります。ですから、この題材との出合わせ方については、本当によく吟味しなければなりません。

ここでは、題材に目を向けたくなるような五感で体感できるようなもの、意外性のあるもの、衝撃を受けるものなどを提示することが定石です。五感で体感させるものに関しては実物に限られていますが、発達段階に応じて、データを示したり、誰かの話を聞いたりするということも有効です。要は、どんな手段であれ、題材に関する大きなインパクトを残せばいいのです。

　ここで述べていることは決して特別なことではありません。授業のごく基本的なことですから、今一度基本に立ち返り、吟味することが大事ではないでしょうか。

　また、これは総合的な学習の時間における導入第1時に行うべきことかといえば、決してそうではありません。もちろん、第1時に行うこともありますが、数時間の布石を打ってから題材と出合わせるというパターンもあります。それも含め、出合わせ方については検討が必要だと考えています。さらに、これは導入のみにあてはまることではありません。活動の内容が変化したり、これまでの学習活動とは異なる展開に目を向けさせたりする際にも、同様の工夫があてはまると考えています。

◇荒廃した空き家に出合う

　2019年度は、空き家問題を題材としました。この題材なら学習活動が広く展開していく可能性があると思いましたし、我々大人も解決の糸口を模索しているような大きな社会的な課題ですから、探究に堪え得る題材であると判断しました。

　ただし、ここで大きな問題がありました。小学校3・4年生と空き家問題では、かけ離れすぎているのです。

　いろいろと考えているうちに、ふと前任校にいた頃、子どもから校区内に秘密基地のようなものがあると聞き、その場所を見に行ったことを思い出しました。そこには人が住んでいる形跡はなく、子どもたちが「秘

密基地」と表現するにふさわしいような場所でした。前任校は、現在の学校から徒歩 10 分で行ける距離であるため、もし、今も残っているとすれば、子どもと空き家を近づける手立てになりそうだと考えました。

　行ってみると、そこには当時よりも一層荒廃が進んだ空き家がありました。草木が生い茂り、窓ガラスはすでに存在しておらず、中をのぞくと２階の床に穴があいていました。さらに、「危険」の看板が設置され、草が生い茂るあたりにはごみが散乱しています。普段目にする家とは全く様相が異なっていることから、「空き家」というカテゴリーをもちあわせていない子どもたちは、大きなインパクトを受けるだろうと考えました。

　授業では、学校の周りの様子を探るという時間を設け、子どもに何の事前情報も与えずに、その場所の前を通ることとしました。私からは何のリアクションをすることもなくその前を素通りしたところ、後ろから「先生、待って、待って」という声が聞こえます。「早く行くよ」と言い、あえて止まらずに足を進めていくと、「お願いだから止まってください」と声が上がり、その場に戻りました。すると、「なに、これー!?」という声が至るところで聞こえてきました。「何かなぁ」「あぶないから近づいたらだめだよ」と声をかけながらしばらく滞在して、その場をあとにしました。

　以下はその際の、子どものふり返りですが、こちらの想定通り、大きな衝撃を受けたようです。この大きな衝撃から学習がどんどん展開していきました。

😊 ふり返り（一例）

- 今日の見学ですごいものを見つけました。そこには、まがりくねった木や草が家にまきついていたし、いろんな物がおちていました。そして、窓ガラスが割れていたり、そのガラスが落ちていたり、本

当に危ないと思いました。近くに住んでいる人はぜったいにいやだと思います。わたしにはどうして、ほうちしておくのかがわかりません。早くしょぶんしないのには、理由があるのかなと思いました。みんなにそのことを聞いてみたいです。

　私たちはこの荒廃した建物の敷地内に入ることなく歩道から眺めていただけですが、念のため、事前に金沢市住宅政策課の方と近隣住民の方に見学の話はしてありました。このことは、子どもたちにはもちろん伝えませんでしたが、考えられることを想定し、事前に根回しをすることはとても大切なことです。なお、その荒廃した建物が様々な事情で管理が十分にできていない空き家だということは、事前調査の段階でわかっていました。

◇ハテナでつながる授業

　学習の題材に関して、子どもたちに大きな印象を残すことができました。この場合のみならず、子どもたちに何らかの印象を残すことができれば、探究学習の第一段階としては OK です。
　第二段階としては、大きく残った印象を起点としながら、どんどん学びをつないでいくことが大切です。
　見学を終えて教室に帰ると、荒廃した建物の話題で持ちきりだったので、気になったことを確認しました。いわゆる情報整理の時間（見学後第1時）です。子どもたちが気になったことは、以下のように大別できました。

　この中でも特に、「看板でかすぎやろ」という授業中の素朴なつぶやきを起点として、「危険」と書かれた大きな看板が設置されていることに着目して学習を展開していきました。この時点では、その看板が設置

建物の外観	• 隣のアパートに木がぶつかりそうになっている • つるが建物を覆っている • 雑草が生い茂っている • 家の壁がくずれ落ちそうになっている
散乱しているごみ	• テッシュ、マスク、ごみ袋 • 空き缶、空き瓶、弁当のから、お菓子の袋などの食べ物のごみ
設置されている看板	• 「危険」という大きな看板が設置されている
建物の内側	• 階段がくずれ落ちている • 窓ガラスがない • 2階の床に穴が空いている • ひびの入った鏡がおいてある ※窓や扉がなく内側が見えている状態の建物であり、敷地に入っていない

されているのも当然だという子どもと、そんな大きな看板を置くほど危険かどうかはわからないという子に分けられました。次の時間には、この「危険」ということについて考えていくことになります。

 ふり返り（一例）

・みんなと交流して気になったのは、かんばんです。あんなに危ないことがあるのに、かんばんを立てておくだけだったらだめだと思います。お調子者が入ってしまうことがあるかもしれないからです。また、〇〇さんは、あれは家やよと言っていました。その正体も知りたいです。

　見学のあとから、子どもたちはこの建物の正体は何かということが非常に気になり、それぞれの家庭でもよくこの授業の話をしていたようです。ある子どもが保護者に、きっとそれは「空き家」だと教えてもら

い、クラスの中で「空き家説」が広がっていました。朝の会で「空き家」という言葉を辞書で確認して共通理解ができていたことに加え、「先生、隣に住んでる人に聞いてきてよ」という声が上がったこともあり、授業外の時間に、「実は、昔は人が住んでたみたいだわ」と伝えました。

　この時点で荒廃した建物＝空き家という認識をもつことができました。

　そこで、見学後第２時には、「危険」という看板がわざわざ設置されている理由について考えることとしました。写真を何度も見直す中で、子どもたちは、「入る人にとって危ない」「近くに住む人にとって危ない」という２種類の異なる危険性があるという考えをもつようになりました。

「入る人」と「近くに住む人」という視点が出てきましたが、ここでは近くに住む人の目線に立って、近くにこのような建物があることの気持ちを想像させました。空き家が持つ問題を理解するには、近隣住民の目線で捉えることが一番の近道だからです。これにより子どもたちは、建物自体に問題があるだけではなく、治安、衛生、景観の観点で問題があることに気づいていきました。さらに、「自分の家の近くにこのような建物があったら本当にいやだから、近くの人もきっと困っているはずだ」という結論に至りました。

　ここでさらなる疑問が生まれ、次の授業へとつながっていきます。

 ふり返り（一例）

- ぼくは、やっぱりあぶないと思いました。そして、あぶないこと以外に気になることが出てきました。みんなが言っていた、ゴミが集まるということです。だれも住んでいないはずなのに、ゴミがあるのは誰かが捨てていったということです。あんなにゴミが捨ててあったら、カラスとかネズミとかも来るし、よくないと思います。

となりの人はへんな匂いもするので困っていると思います。だから、
あの家は早くこわしてほしいです。

　このふり返りだけではなく、多くの子どもが、どうしてマイナスにし
かならない建物を放置しているのかということに疑問をもっていまし
た。
　そこで、見学後第3時には、どうして問題があるのに空き家が放置さ
れているのかについて考えていくこととしました。ここでは、取り壊す
お金がない、急な坂の途中にあるので工事ができない、管理する人がい
ない、思い出があるから壊せない、自分たちが思っているほど問題があ
るわけではない、という予想が出てきました。いろいろな予想が出たの
ですが、あくまでも予想なので、誰かに詳しく聞く必要があるというと
ころに落ち着き、この時間を終えました。

　この授業では課題に関する「溜め」を大事にしています。
　単元計画をもとに教師が発問のみで進めていくと、そこからもれてく
る子が出ます。例えば、見学後第3時の授業の導入部で、「どうして問
題があるのに空き家は放置されているのでしょう。今日はそれを考えま
す。ノートに課題を書きましょう」と教師が投げかけたとしたらどうで
しょうか。もちろん、学習は単元計画通りに展開していきます。ですが、
それは与えられた学習ですし、その課題に対して腹落ちしない子が間違
いなくいるはずです。こういう展開を極力避けなければなりません。
　そのため、この時間は導入部で「この間の授業のふり返りで10人くら
いが同じ疑問をもってたんだけどさ」と切り出しました。近くの子た
ちで、あーじゃないか、こーじゃないかと、疑問に関する予想が話し合
われ、その後、そのふり返りを書いた子のうちのひとりを指名し、気に
なっていることを述べさせました。
　こういう形で予想させた後に問うと、たいてい「あー」や「たしかにー」

という反応があります。そこで、２～３人の子どもに、「今、『あー』って言ったね、なんで『あー』って言った？」と問うと、実は自分もそんなことを考えていたとか、確かにそうだなと思ったからという言葉が返ってきます。

　これは時間にすると３分程度ですが、この時間をとるかどうかで課題への腹落ちの度合いが間違いなく変わります。それに、このスピード感で学習を展開すると、もれる子も少なくなります。教師から与えられた課題ではなく、自分たちでつくり上げていく課題に変わります。

　だからこそ、この課題に関する「溜め」が大事だと考えています。

😊 ふり返り（一例）

・空き家をあのままにしておく理由の予想がたくさんありすぎて、自分でもわからなくなってきました。でも、やっぱり、家の持ち主は本当はこわしたいけど、こわせない理由があるというのがそのままにしてある理由だと思います。すごくもり上がったけど、話し合ったことは予想なので、本当はどうなのか気になって仕方ないです。

　予想が本当かどうかを確かめるために、見学後第４時には、金沢市住宅政策課の方をゲストティーチャーとして、教室にお招きしました。なお、招くまでのプロセスについては、別の章で詳しく述べます。

　ここでは、ゲストティーチャーに空き家がもつ問題点及び取り壊さない理由について語ってもらう中で、結局これまでの予想は全て合っていたということを確認しました。また、空き家が全てダメなわけではなく、適切に管理している空き家は問題ないこと、空き家を減らすために有効な取り組み（①管理する、②予防する、③活用する）について、子どもたちにもわかるような内容で語ってもらいました。そして、今は身の回りにはあまり空き家はないかもしれないけど、空き家が増えていく

可能性は十分にあるという事実を話してもらいました。

　見学後第2時の授業で、荒廃する空き家の近隣住民の立場になって考えた経験から、子どもたちは「困る」、「いやだ」といった言葉を口にしていました。最後には「小学生のみんなの立場でできることがないか、また考えてみてね」と投げかけてもらいました。

　この投げかけが、今後の展開で非常に大きな意味をもちます。

 ふり返り（一例）

　• 市役所の□□さんが来てくれたおかげで、これまで予想していたことが正しいかどうかをはっきりさせることができました。だいたい予想通りだったし、くわしい人に聞くのが、一番いいということがわかりました。また、空き家というのは全部だめだと思っていたけど、そうでないちゃんとした空き家もあるんだということを初めて知りました。次は、みんなでできることを考えて話し合いたいです。きっとあると思うし、もり上がりそうです。

　年度当初のこの段階での子どもの学びは、授業者の小さな枠の中にあります。授業者の単元計画から大きくズレるような子ども独特の発想などは出てこないのですが、この段階ではそれでかまいません。構想から大きく軌道修正をする必要のあるような子どもならではの斬新な考えをいかしていくのはもう少し後の展開になります。

◇探究することの価値を確認する

　ここまでの学習は、見学→見学を通して気になったことの整理→危険の看板が設置されていたことの理由の予想→空き家を放置している理由の予想という流れで進んでいきました。1時間ごとに単発で切れている

のではなく、ハテナでつながる中で授業が構成されています。このことは、教員にとってはごく当然のことかもしれませんが、子どもにとっては当然のことではありません。

　また、ハテナでつながる中で授業が展開していくことが数時間続くと、日記やふり返りの中で「楽しい」や「おもしろい」という言葉が多数出てくるようになります。

　ただ、子どもたちにとって、自分たちの学びを客観的に捉えることは非常に難しいことですから、楽しかったり、面白かったりする理由を明確に述べることができる子は多くはありません。学習に楽しさや面白さを見出していることは素晴らしいことですが、何となくで終わるのはあまりにももったいないです。その理由を認識させることが、非常に大切です。

　学習の中で疑問が生じ、その予想を話し合う中で新たに気になることが生じ、さらに話し合いの中で新たなことが見えてくるという学習のプロセスが子どもたちにそう感じさせているのです。これは自分たちの学びを客観的に捉えていなければ、わからないことです。ですので、この学びの過程を客観的に捉えさせます。

　授業とは異なる朝の会や、ちょっとした隙間時間に
「最近、日記やふり返りに総合の授業が楽しいとか面白いって書いてる
　子が多いんだけど、その子たちの気持ちわかる？」
と問います。すると、そこから子どもたちなりに、理由を述べていきます。

　ただ、そこで子どもたちが発言することは、「見学に行ってすごいものをみつけたから」、「盛り上がっているから」や「みんなと話してて新しいことがわかるから」といったパズルのピースのような部分的なものです。それらの発言を板書に位置付けながら、「探究」という言葉を確認し、彼らの学びを客観的に捉えさせました。このことによって、子どもたちは、「仲間と物事を探究していくことそのもの」の価値を認識するようになります。

子どもたちは物事を明らかにしようとすることに価値があることを知るわけですから、このあたりから、自発的に家庭で調べたり、休み時間に仲間と一緒に調べたりする姿が見られるようになります。そこをさらに取り上げ、価値付けていくのですが、それは第7章で取り上げます。

◇学習の大目標設定

　ここまでの学びは、授業ごとにハテナが見つかり、その連続性の中で展開していました。言うなれば、ゴール地点がどこかわからない状態で、走ることが楽しいから走っている状態です。しかし、この学習は1年間の長丁場ですから、この状態は長く続きません。長期的なスパンで物事を見た時には、ゴール地点を確認し、何のために走っているかを明確にすることが必要です。ですから、子どもたちと学びの目標を設定しなければなりません。
　ここで、見学後第4時での、
「小学生のみんなの立場でできることがないか、また考えてみてね」
というゲストティーチャーの言葉がいきてきます。ただ、これをそのまま受けて「では、考えましょう」と投げかけても盛り上がりに欠けてしまいます。全くおもしろくありません。
　これは自分のよくやる手段ですが、こういう時に子どもを煽ります。
「空き家を減らすためにできること考えてとおっしゃっていたけど、さ
　すがに小学生ができることなんてないよね？」
と投げかけます。すると、
「そんなことはない」や「自分たちにもできることはあるよ！」
といった声が返ってきます。
　当然ながら、この時点では子どもたちに具体案はありません。数人に発言させたあと、「できないことは最初から言わない方がいいって」などとさらに煽ります。すると、さっきのような発言がどんどん出てきま

す。そんな中、気持ちが高まって発言している子だけでなく、必ず冷静に物事を考えている子がいます。ここでは、

「なら、いきなりはできないかもしれないけど、本当に自分たちができることを探してやっていけばいいと思う」

と発言する子がいました。

　その発言をもとに数人に意見を聞き、最終的には「ますます増えていく金沢の空き家の数を少しでも減らそう」という大目標を設定しました。

　このような大目標が子どもと共有されていると、年度後半の子どもたちの動きが明らかに変わりますし、活動がうまくいかなかったり、座礁したりした時に、大目標に立ち返ることができます。そもそも、なんでこんなことしてるんだっけ？と考える中で軌道修正もしやくなるのです。そのため、この大目標に関しては、教室のどこかに大きく掲示しておきます。何かあった時に、すぐ目につくようにしておきたいからです。

◇空き家の活用方法の提案

　子どもたちの頭には、「小学生のみんなの立場でできることがないか、また考えてみてね」という住宅政策課の方の話が残っていました。まずは、住宅政策課の方に、自分たちが考えたことを提案をしてみようということになりました。「いきなり何か大きなことはできないけど、考えたことの提案ならできる」とのことです。

　その際には、空き家を減らすために有効な取り組み（①管理する、②予防する、③活用する）のうち、どれに注目するかを第一に考えました。

　管理したり、予防したりすることに関してはなかなかアイディアが出てこなかったこともあり、空き家の新たな活用方法を提案しようということになりました。

　この時、家庭で空き家問題について調べてきていた子から、１年間で新たに建築される住宅の数を示し、「空き家に住みましょうと言っても

新しい家に興味をもつから、住む以外で空き家を活用する方法を考えた
方がいい」という意見が出ました。その意見にクラスの子どもたちは納
得し、適切に管理されているきれいな空き家でどんなことができるかと
いうことを考えていくことになりました。

　その後、近くの不動産会社にご協力いただき、管理されている空き家
を数軒見学し、どのような活用の方法があるかを考え、住宅政策課の方
に提案してみました。

　住宅政策課の方からのフィードバックは、

「枠にとらわれていない発想は素晴らしいです。ですが、住宅政策課は、
　地域の方が利用する公共施設に関するところです。みんなが考えたよ
　うなものは、いろんな地域から人が集まるための施設なので、いくら
　空き家を活用していたとしても、うちで何かすることはできません。
　金沢にもすでにこのように空き家を活用しようとしているところはあ
　るので、すでにやっている方に聞いてみてはどうでしょう。できるこ
　とがあったらまた言ってください」

というものでした。

　せっかく提案したのに対し、その課ではできないというのですから、
ある意味、子どもたちの学びが頓挫します。この点は、複数の先生から、
「住宅政策課に提案しても先がないことがわかっていて、なぜ提案させ
るのか。子どもたちにとって酷ではないか」というご意見をいただきま
した。

しかし、「住宅政策課に提案しても先はないよ」と教師が伝えるわけにはいきません。「小学生のみんなの立場でできることがないか、また考えてみてね」という住宅政策課の呼びかけに反応した中で学習が展開していっていること、それに、長期的な視野で捉えた時に、この経験は決して頓挫ではありません。

　実社会でもうまくいかないことが多々起こり、その状況でどうしていくかという判断をしていかなければならないので、小学校の授業でも同様の経験があってもかまわないと思います。むしろ、このようにうまくいかないことから学びが次のフェーズへと移っていくのです。

◇大目標からさらに目標を設定する

　住宅政策課の方に提案して、ある意味学習がふり出しに戻った後、もう一度大目標に立ち返り、何ができるかを考えることにしました。

　最初に挙がった多くの意見は、チラシやパンフレットを使って呼びかけるというものです。総合の授業の展開でよく子どもたちから挙がるものです。

　しかし、その意見に対して、「すでに住宅政策課で作ったパンフレットがある」、「自分たちも空き家に目を向けたことなんてなかったから、仮に作ったとしても、注目されていなかったら見てもらえないと思う」などといった意見が出てきました。

　当初、パンフレットやチラシを作るという提案をしていた子どももその意見に納得し、何らかの形で発信する前に、注目を集める必要があるということになりました。

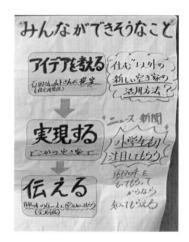

クラスで出た結論は、

①まず複式学級が行っている取り組みそのものに興味関心をもっても
　らう

②興味関心をもってもらった状態で社会に向けて呼びかける

というものでした。彼らの言葉を借りると「まず、目立つ」そして「伝
える」という流れというものです。

　少しずつ見えてきましたが、どうすれば目立つのかという点があいま
いです。さらに、ツッコミを入れると、これまでの学習の中で、メディ
アに取り上げられることによる反響が多いことを実感していたのか、「メ
ディアに大きく取り上げられることをする」→「そのために、小学生初
となる住む以外の空き家を活用方法を考え、実現する」という意見が出
てきました。小学生初となれば、メディアも間違いなく大きく取り上げ
てくれるはずだ、とのことです。

　当初に比べて、かなり目標が具体化してきました。自分たちの目標ま
での道筋が明らかになってきました。最後の詰めとして、「では、みん
なは一番最初に何をすべきか？」と問うと、「すでにやっている人は金
沢にもいる」ということを思い出し、まずはすでにやっている人を探す
ということになりました。

　金曜日の授業だったのですが、週明けには8人の子どもたちが「こん
なことをやっている人がいる」と調べてきていました。空き家を図書館
に活用している人や空き家を改築してカフェにしている人を見つけてき
たり、空き家をどう利活用したかをまとめている書籍を借りてきたりと、
その内容は多岐にわたります。目標が具体化し、彼らの腹に落ちている
からこその行動です。

　大目標の設定には大きな意義がありますが、この大目標だけでは不十
分です。ゴールは見えていますが、道筋まではっきりしていないから
です。これだけでは実際に何をしていけばいいかわかりません。目標を

掲げた時には、意欲も高まっているかもしれませんが、徐々に学習へと向かう意欲は減退していきます。大切なことは、小さな目標設定をすることです。

　ただ、大目標を設定した段階で子どもたちは満足していますから、その段階で小さな目標も設定しようと投げかけてもあまり必然性がありません。「大目標の達成は難しそうだ、では、どうしようか？」という大目標達成の道筋が険しい段階で、小さな目標を設定することが理想的です。

　その後、クラスの子から、「家の近くで空き家を地域の図書館として開放している人がいるから教室に呼んで話を聞いてみたい」という発言があり、その館長である佐々木修吾さんをお招きしました。

　この後、佐々木修吾さんからどんどんバトンがつながり、教室で空き家を利活用している人が登場していくことになります。

　ここから先は、教室と社会の垣根がどんどん崩れていき、多くの方が授業に参画してくれることになりました。

金沢町家にどっぷりつかる

3章

◆人の思いや願いにふれる大切さ

　授業が展開していく中で、子どもは必ず「人」に出会います。そして、その人を教室に招いたり、映像で登場してもらったりすることになりますが、ここでポイントがあります。それは、その人の活動や取り組みの裏側にある思いや願いにふれる、そして、その思いや願いにどっぷりつかり、共感することです。ですから、単にゲストティーチャーがしている活動や取り組みを紹介したり、知ったりするだけでは不十分です。

　ただし、この時には注意が必要です。ゲストティーチャーも子どもの前に来て自分の取り組みについて語るわけですから、たいていの方は十分な準備をして臨んでくれます。準備してきた様々な自身の取り組みを語るあまり情報過多になり、せっかくの思いや願いが子どもに十分に伝わりきらないことが多々あります。私自身、「とにかく取り組みや思い

を語ってください」と依頼するだけで、情報過多に陥らせてしまった経験は何度もあります。

　最近では、ゲストティーチャーに登場してもらう授業では、展開に緩急をつけることを意識しています。この展開の緩急が、情報過多にならないために必要です。

　ゲストティーチャーの思いや願いをつかむ授業では、ゲストティーチャーに活動を語ってもらった後、いったん間を取り、子どもに「どうして〇〇に取り組んでいるのか」と考えさせる時間を設けます。この間が非常に大きな意味をなすのです。

　子どもは、「〜ではないか」「〜ということを大切にしているからではないか」と予想します。その予想を共有した後に、実際はどうだったのかを聞くことによって、聞く視点をもつことができます。

　ここでは、「やっぱりそうだった」という一致か、「そうだったんだ」というズレが挙げられます。この一致しているかズレているかという視点をもたせることが情報過多に陥らせないために必要です。

　そして、授業終末部では、その思いや願いを知ってどのようなことを感じたかを表現させます。この表現によって、思いや願いに共感したり、さらにすごさを実感したりすることにつながります。クラスの仲間のとらえを共有することによって、一層思いや願いに対する深まりが出てきます。

◇ゲストティーチャーの思い・願いにふれる

「夜の図書館べーる」館長の佐々木さんからバトンを渡された「おくりいえプロジェクト」に取り組むやまだのりこさんをゲストティーチャーに迎えた授業では、以下のように授業を展開していきました。

■授業展開
　1．ゲストティーチャーの話を聞く
　2．「おくりいえ」の概要を知る
　3．やまださんの思いを読みを考える
■お金をもらえるわけではないのに、どうして「おくりいえ」を
10年間も続けているのか
　4．やまださんの話をきく
　5．学習をまとめる
　6．学習をふりかえる

　いくら思いや願いにふれることが大切だとはいえ、「〇〇さんの思い
を考えよう」と投げかけても全くおもしろくはありません。そこで、今
回は矛盾点をつくような発問によって、子どもの心をくすぐるような課
題を設定しました。

　子どもは「守りたいという思いがあるからではないか」などと予想し
た後、実際にやまだのりこさんの話を聞き、思いや願いをつかむことが
できました。以下は、子どものふり返りですが、やまださんの思いや願
いを理解したり、共感していることがわかります。

ふり返り（一例）

・やまださんには強い強い思いがあることがわかった。町家を残し
てつなげたいという思いがあって、それはこちらも同じだから、自
分たちの取り組みのパートーナーにやまださんがなってくれないか
なと思った。また、「お金かせぎ」ではなくしていることがすごい
と思った。ぼくもお金のためではなく、何かの思いでできるように
なりたいと思った。町家がゼロになったら悲しいし、何か物足りな

いように感じるから残していくことが必要だということがあらため
てわかった。

- やまださんは「次につなげる可能性を高めたい」、「町家が減って
いくのはだめだ」というアツい思いがあることがわかりました。

　授業の終末場面で、子どもたちはいつものように「一緒に新たな活用
アイディアを実現するパートナーを探しているんですけど、なってくれ
ませんか？」と投げかけました。そして、やまだのりこさんからの「で
きることは協力するんだけど、空き家を使っていろんなことに取り組ん
でいるおもしろい人が他にもいるよ」という反応を受け、さらに次の人
へとバトンがつながっていくことになります。ここで、本
書の共著者である株式会社こはくの山田滋彦社長が登場す
ることになります。

◇ゲストティーチャーを教室に招くしかけ

　ゲストティーチャーを教室に呼び込む時には、スケジュール的に余裕
がない時など、よほどの事情がない限り、担任が連絡調整をするという
ことはしません。子どもたち自身がメールを送ったり、電話をしたり、
依頼文を書いたりします。朝の会や隙間時間などを用いて、教室にゲス
トティーチャーが来るまでのプロセスを子どもに経験させるのです。も
ちろん、担任はその裏側でゲストティーチャーには根回しなどの最低限
のことは済ませておきます。

　やまだのりこさんに教室に来ていただいた翌日の朝の会で、前日の話
をしていた際に、彼女の話の中に登場していた町家を活用している山田
滋彦社長にスポットがあたりました。どんな風に活用しているのかなと
想像をふくらませながら、ぜひ、来てもらってやまだのりこさんのよう
に教室で話をしてもらおうということになりました。

「じゃあ、どうするの？」と聞くと、「社長はのりこさんが知り合いなんやから、先生、のりこさんにメールしてください」と返ってきました。「わかったよ、送るね」と答え、その場でメールを送り、朝の会を終えました。

　もちろん、山田滋彦社長とは事前にお会いしていて、何度もお話しをする中で電話番号も知っているのですが、このような演出が非常に大切です。その証拠に、授業間の長休みに、「お、番号教えてもらったよ」と子どもに伝えると、教室は歓喜の声であふれました。そして、いたるところで、電話で何と伝えるかというリハーサルが始まりました。

　その後は、立候補を募り、家での練習の時間を確保させ、翌日にどの子が一番ふさわしいかを投票し、選びます。そして、選ばれた子どもが、みんながいる前でスピーカーフォンで滋彦社長に連絡を入れました。

　滋彦社長から「じゃあ、福田先生と日程の相談をして、空いている時に、教室に伺いますね」と返答があった時、電話をかけた子以外の子たちはガッツポーズを取ったり、手を叩き合ったりして喜んでいました。中には、電話中ですから、声が聞けなくなってはいけないと、シーっ！と静止する子もいます。

　通話終了後は、堰を切ったように「よっしゃー！」や「やったー！」という喜びの声があふれました。このように、ゲストティーチャーを呼び込むことに成功した時の雰囲気はかなり熱気を帯びることになります。担任である私が全ての調整をしたのでは、このように盛り上がる雰囲気は間違いなく生まれません。

　また、自分たちの手でつかんだゲストティーチャーの来校ということになるわけですから、ワクワク感の高まりと共に、自然と山田滋彦社長の調査が始まります。実際に、その翌日には自宅で山田滋彦社長が運営する会社のサイトを見つけてきた2人の子が教室でそれを紹介すると、休み時間にも自然とその話で盛り上がりました。

　教室のインターネットに接続されたタブレット端末を見ながら、「こう

いうのやってる人なんだ」や「先生より若いんかな」などの声が聞こえ
てきました。これにより、事前情報を調べる時間を授業中に確保する必
要がなくなるわけですから、週２時間の貴重な総合的な学習の時間を有
効活用できるようになります。ただ、全ての子どもが休み時間の会話の
中で情報を共有することは難しいので、調べたり見つけたりしたことは
朝の会や終わりの会で全体に発表させたり、教室後方部に設置してある
総合ボード（第７章参照）に掲示したりするなどの配慮は心がけました。
　また、何よりも自主的に動いているわけですから、そのことを担任と
しても大きく褒めることができます。特に、自宅で資料を見つけ、みん
なに提供する子は価値あることをしているわけですから、周りの仲間か
らも称賛され、感謝されます。その様子を見ていた子が「今度は自分が
何かとっておきのネタを持ってこよう！」と意気込みます。
　探究的な学習を行う上で、学級の中にプラスのサイクルが生まれるの
です。ただし、これはこれまでの積み上げによるものです。授業時間以
外でネタを見つけてくることや、そのことが共有されることの価値が子
どもたちの文化の中に根付いているからです。１学期の間に仕込んでき
た種がこういう場でスッと芽を出すことになります。

◇ついに見つかった実践パートナー

　いよいよ、山田滋彦社長に子どもたちは出会うことになります。
　当日の授業は、やまだのりこさんの授業同様、一方的に話を聞くスタ
イルではなく、思考を伴う展開を意識して行いました。ここでは、どう
してあえて古い町家を使っているのかを考えさせ、その後、山田滋彦さ
んに、町家活用に対する思いを話してもらいました。
　子どもたちは、「空き家における住む以外の新たな活用方法を考え、
実現する」ということを目標としています。そして、その実現に協力し
てくれる実践パートナーを探しています。山田滋彦社長の行っているこ

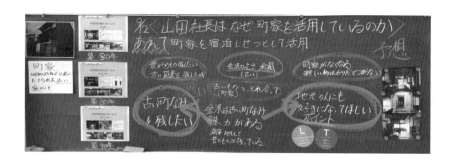

とは学級で取り組んでいく内容と合致しています。ですから、この後の授業展開として、子どもたちに町家活用アイディアを提案させ、山田滋彦社長の判断で可能なものを実現していただこうと考えていました。

　ここでも、こだわったことがあります。それは、山田滋彦社長から、子どもたちに「みんなで町家活用アイディアを考えてください。いいものは実現しますよ」と言ってしまうような展開にはしないということです。もちろん落とし所としてはそうなるのですが、子どもたちから「実践パートナーになってくれませんか？」とお願いがあるまでは、言わないでくださいと打ち合わせの段階で共通理解を図っておきました。子どもたち自らが望んでお願いをするという構図を確立したかったのです。

　想定では、授業最終段階で、山田滋彦社長の話を聞いてどんなことを思ったかを感想を共有する際に、子どもの中から「実践パートナーになってくれませんか？」という発言が出てくると思っていました。ところが、

ここは想定とは外れ、出てきませんでした。正直、困ったなと思いながらも、グッとこらえることにしました。45分の授業の中できれいに完結することよりも、枠を超えてもいいので、先に述べた構図をつくりたかったのです。

結局、２人の子どもが休み時間に、教室に留まっていた山田滋彦社長の所に向かい、「実践パートナーとして一緒に何かしてくれませんか？」と交渉しに行きました。ホッと一安心の瞬間でした。

　予定より滞在時間を延長してもらい、次の授業の冒頭部、休み時間に声をかけられた内容をもとに山田滋彦社長は、今こんな話があったんだけど、という前置きのもと、子どもたちに対して「会社で管理している町家（In Kanazawa House：元染め物店でしばらく空き家であった）の２階が空いています。石川や金沢のよさを感じる新たな体験プログラムでいいものがあったら事業化するので、それをじっくり考えて、提案してくれませんか。そういう形でよければ、パートナーとなりましょう」と投げかけてくれました。もちろん、教室は活気に満ちあふれ、大盛り上がりです。その交渉に行った２人の行動はまさにファインプレーですから、クラスの中で MVP 的な扱いを受けることになります。

　ここも、基本的にはゲストティーチャーを教室に招く時と同じです。「先生、先に話したんだけどね、山田慈彦社長、みんなが探していた実践パートナーになってくれるようです。そのへん、社長から説明お願いします」という展開は、興醒めです。このようなスタンスを続けることによって、子どもの中に「先生がなんとかしてくれる」という意識が芽生えてしまいます。その意識が、探究的な学びを実現していく上での阻害要因になるのです。

　総合的な学習の時間の授業の際、私は子どもたちより数歩後ろに下がることを心がけています。もちろん、いくら探究的な時間とはいえ、総合的な学習の時間を子どものみの力で完結させるのは不可能であり、教師が動かなければならないことがあるのは間違いありません。様々な根回しや、外部組織との関係構築などが必要です。ですが、教師は彼らの気がつかない水面下で動くべきであり、彼らが走り出してからは、後ろにいるというスタンスをとるべきです。

　また、授業展開上、ついつい介入したくなったり、きっちりとした枠

にはめたくなることもありますが、時として辛抱も必要です。ただし、何もせずに、指をくわえて見ていても意味はありません。そっと背中を押してあげたり、何らかのタネを蒔いたり、あとからじわりと効いてくることになりそうなふり返りや感想をキャッチしたりしながら、見守ることが大切です。

　この授業の場合、休み時間に話しかけにいった2人の子は、「山田滋彦さんが、実践パートナーになってくれたらいいなと思います」という内容の日記を書いていました。それを把握していたので、2人には、休み時間に「2人は日記にパートナーになってほしいって書いてたけど、可能性はあるんかなぁ？」と聞きました。
「うーん、どうかなー。なってほしいのはあるんやけど」という答えが返ってきて、しばらく後に、2人が山田滋彦社長の元に向かったというわけです。ただし、毎回このようなことが正しいというわけではありません。時には、ストレートに道を示すことも必要です。「ここは出る」、「ここは出ない」というような基準を教師自身が明確にしておくことが大切ではないでしょうか。

◇自発的な学びを促すために

　この授業の後の段階で、中期目標をさらに具体的な行動に落としこんでいくことになります。これまで、子どもたちは、金沢の空き家問題を少しでも解決するために、「アイディアを考え→実現し→伝える」という中期目標しかもてていませんでした。そこで滋彦さんに提案し、そのアイディアを実現してもらうためにはどんなことをしていかなければいけないかを考え、図のような学習計画を子どもたちと一緒に考えました。

　中期目標からさらに具体的になっていることがわかります。この学習計画をもとに、自分たちがすべきことを考え、行動していくことになります。このような時間は学習の見通しをもつという点において、非常に

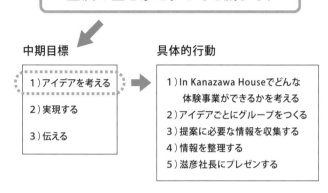

大目標

ますます増えていく
金沢の空き家を少しでも減らそう

中期目標

1）アイデアを考える

2）実現する

3）伝える

具体的行動

1）In Kanazawa Houseでどんな
　体験事業ができるかを考える
2）アイデアごとにグループをつくる
3）提案に必要な情報を収集する
4）情報を整理する
5）滋彦社長にプレゼンする

大切ですが、授業時間も限られているため、朝自習や朝の会の時間を用いることにしています。

　子どもが自発的に動くためには、何のための授業なのかという理念が教室内で共有化されていなければならず（大目標）、その目標を達成するための道筋が示されていなければなりません（中期目標・具体的行動）。その具体的行動も、学習計画として下位目標に落とし込んだり、自分たちで何をすべきかについて話し合わせたりすることが必要となる時もあります。特に、小集団ごとに学習を展開させていく場合には、一層大事になってきます。一見難しいように思うかもしれませんが、場数を確保し、適切なフィードバックをしていけば、子どもたちが自ら学びの地図を描くことができるようになります。

◇見学にかける思いを高めるために

　町家を活用した新たな事業に関して、滋彦社長が示した条件は、
①金沢らしい体験であること

②オリジナル性があること

　③町家という古いものにマッチすること

という３点でした。この３点に基づいて考えていくことになります。このような場面では、実際に町家を見て、ホンモノにふれ、五感から得られたものをもとに考えていく展開がセオリーでしょう。実際に、計画の中でも町家の見学は構想の中に位置付けていました。ただし、子どもたちの見たい！　という気持ちが高まるまでは、見学には行きませんでした。

　総合の授業だけではなく、他教科でもできる限りこのことを意識しています。過去にある苦い体験談によってこのような考えに至りました。

　採用１年目に５年生を担任した時のことです。当時の総合的な学習の時間では、身近な環境を題材としており、学年で近くの川の見学に行くことが決まっており、学年便りに明記されていました。行事予定のことをすっかり失念しており、翌日の連絡帳に見学のことを書いていなかった際に、ある子が「先生、学年だよりに、明日犀川の見学って書いてあります」と教えてくれました。それを受け、「おお！　本当だ！　明日の２・３限目は犀川の見学だね！」と伝えると、教室が非常に盛り上がりました。ですが、そこには、子どもの中に明確な目的意識がありません。ただ、いつもと異なる日常を楽しみにしているだけです。目的意識がないわけですから、子どもにとって犀川を見ていたとしても、見えていない状況だといえます。

　そもそも子どもたちの中に「～を見に行きたい」「何かを明らかにしたい」などという思いはないわけですから、教師が見せたいものを子どもが十分にキャッチするとは思えません。見学が学校の都合で決まっているから行くではなく、見たいから行く、という構図に変えなければなりません。この構図が確立することによって、意味のある体験や見学となり、活動の質が高まっていくのです。

Photos by Nik van der Giesen (@nvdg81/@hitonoto_japan)

　今回の体験事業を考える際の３つの条件が示されたこともあり、子ど
もたちはどんな体験をすることが適切かということを考えていくことに
なりました。「３つの条件を満たしている体験だとどんなものがあるか
な？」と、今一度子どもたちに問いかけました。このような場面では、
問いかけに対して、つぶやかせたり、隣の席の子と意見交換をさせたり
します。もちろん、全ての子どもの考えを聞き取ることはできませんが、
大まかな傾向を把握することや、展開上に大きな意味をもつ考えを拾う
ことができます。

　子どもたちが学習に前向きな場面では、たいてい具体的なアイディア
が聞こえてきます。ここでは、「〇〇がいいと思う」や「□□がいいんじゃ
ない？」などが多く聞こえてきました。そんな中、表情が曇ったり、悩
む表情の子どもがクラスには少なからずいるものです。このような子を
把握することを自分の中で大切にしています。この場面でもいましたが、
よくよく聞いていると、「町家に合うって言われても、まだじっくり見

ていないからわからんもん」といった内容を隣の子に伝え、伝えられた方もそれに同意しているペアがいました。この様子から町家の詳細を見ることの必要性を確認できると考えたため、その2人を全体で取り上げました。

「たしかに！」「もっと違うアイディアで出てくるかも！」「見に行こう！」といった反応がありましたが、この段階で見学に行くことはしませんでした。まだ、真に必要としていないからです。

「この間、滋彦さんが授業で使った時の In Kanazawa House の写真なら数枚あるけど？」と伝えると、「全員がタブレットで見えるようにしてください」という要望が多数がありました。その後、全員の端末に写真を配布し、見えるようにしました。子どもは配布された写真や、In Kanazawa House のサイトを穴があくほど、よく見てアイディアを考えていました。

◎見学に必要な視点づくり

　写真をもとに、子どもたちが考えたアイディアは3つのグループに大別することができました。

　子どもたちに滋彦社長が「いいものがあったら、本当に採用するからね」と何度も強く伝えてくれたことと、彼ら自身がじっくり深く考えていたこともあり、子どもたちの中では相当自信があったようです。滋彦社長が来校して以来、情報共有の意味で、総合の授業の板書写真はほぼ毎回送っており、子どもたちもそのことを知っていました。

　高評価があると思っていた反面、届いたメッセージは、「一生懸命考えてくれているようですね。いろんなアイディアがたくさんあることに驚きました。ただ、みんなのアイディアは、本当にうちの In Kanazawa House でしかできないものなのでしょうか？もう一度じっくりと考え

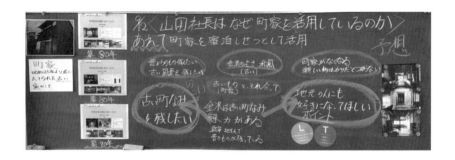

てほしいです」という目の前に壁が現れるような内容でした。

　そのメッセージを読み上げると、うーん、という声とともに、「そもそも写真でしか見ていないから、細かい部分まではわからない」や「部屋のつくりとか、写っていない部分も見たい」などといった反応が返ってきました。そして、「In Kanazawa House でしかできないことは何か？」、「そもそも In Kanazawa House ってどんなところなのか？」という問いをもち始めます。その日の日記には、「やっぱり、写真だけでは細かい部分までわからないので実際に見たい」という記述が見られました。そこで、翌日の朝の会でそのふり返りを取り上げたところ、賛同の声が多く聞かれ、中には、「見学に行かないと先に進んでいけない」という発言もありました。

　ここまで目的意識が高まると、自ずと見る視点が絞られてきます。わざわざ、視点をもちましょうと投げかける必要はなくなります。

　以下は、実際の子どもの見学の視点の一例ですが、なんとなく行く見学とは異なる焦点化された視点であることがわかります。あとは、先に述べたゲストティーチャーを教室に呼び込む時と同じ手続きで見学に行く道筋を整えさせます。何回か経験させておけば、ごくスムーズに子ども自身で行うようになります。

■見学の際の視点の一例

- 昔の物を展示できるスペースはあるのか。

- 書道を体験できるような雰囲気になっているのか。
- 写真以外にはどんな部屋が、どれくらいあるのか。
- どんなものが置いてある町家なのか。

◇町家見学に行こう！

　見学の際に、山田滋彦社長にお願いしていたことがあります。In Kanazawa House に関係しているできるだけ多くの方に当日参加してもらうということです。山田滋彦社長の声掛けのもと、当日は、もともと住まれていたオーナーの家族、建築に携わった方、町家保全活動に取り組まれている方、町家を中心的に取り上げている不動産会社の方、In Kanazawa House のスタッフの方の7人が参加してくださいました。

　この7人の方には、「うまく伝えようとはしなくていいので、聞かれたことに答えたり、子どもたちがじっと見つめている物があった時にはその説明をしてあげたりしてください。決してうまく伝えようとしなくて結構です」とお願いをしました。「○○について説明してください」といったお願いを事前にすることはしていません。かなりざっくりしていますが、このざっくり感が重要です。

　「○○について説明してください」とお願いをすると、たいていの方は準備をしてくださいます。それゆえ、子どもを目の前にすると、「○○についてきっちり話さないといけないから」と、そのことのみを話すことになってしまうのです。

　これから町家を活用した新たな事業を考えるわけですか

ら、考えのタネとなるものは多くあればあるほど意味を成します。

　つまり、この見学は授業の展開上、収束ではなく、拡散にあたります。収束していく段階では、指定した内容で話してもらうことが必要となりますが、拡散の段階では、制限をかけることがネックになってしまいます。授業の中で見学が位置づく教科はありますが、その見学が収束を目的としているか、拡散を目的としているかを授業者が意識することが大切です。

　ちなみに、このことは見学の時のみではありません。プロジェクト型の学習を行う上で、その授業が、収束段階か拡散段階のどちらにあたるのかということを意識することで、声掛けや環境の構築なども変わってくるはずです。

　また、視点がもてている見学ともてていない見学では、メモ量に大きな差が生まれます。いわゆるカラーバス効果（目から入った視覚情報を脳が無意識に選択して認知すること）です。人間は見たいものを見る傾向があり、視点が明確になればなるほど、自ら情報をキャッチしにいきます。さらに、大人に比べ、子どもは感覚が鋭いので、大人よりも一層その傾向が強いです。

　ただ、視点が明確になっているから全てうまくいくかというとそうではありません。視点をもってはいるものの、あらゆるものに目が移り結果的にメモができない子や、メモ技能が育っていない子など、どこかでつまずく子がいます。基本的に見学の際には、このような子を常に気にかけながら、必要に応じて声をかけるようにしています。例えば、この見学の際に、ふすまに興味をもち、柄について山田滋彦社長に質問している子がいました。ただ、メモには至らず、話を聞き終えてから、他のものに目が移っていました。そこで、「さっきふすまがすごく気になってたんだね。確かに今の家にはあまりないかもしれないね。おもしろいところを見つけたなぁ。『今の家にはあまりないふすまがあった』ってメモしておくといいよ」といった声かけをしました。

その子は、見学のふり返りに、「ふすまについて、滋彦社長に教えてもらいました。ふすまっていうのは、新しい家にはないので、すごく珍しいから何かに利用できないかなと思いました」と書いていました。

見学先より いらっしゃいませ、旧くて新しい町家へ。私は、あなた方の年代をこの町家で過ごした元住人です。山田様のアイディアと意気込みで、この町家は大きく息を吹き返してくれました。

　町家に向かって歩いてきたあなたたちが見えた時、小学 3、4 年生ってこんなに大きかったかなあと思うくらい堂々として見えました。きっとすでに探究モードになっていたのでしょう、キラキラした真剣な眼差しで見つめられたので、説明する大人もみな真剣でした。

　総合学習において皆さんが町家にいらっしゃるお話を聞いた際は、この家にそんなにたくさん入れるのかと心配していましたが、案外入るものですね。ひとつの部屋は 4 畳半〜 10 畳と決して大きくはありませんが、それらをつなげると新たな空間が広がり、皆さんの表情を見渡しながら話をすることができました。そして、それらの部屋を間仕切っていたのは、小粋な柄の金沢からかみの襖。実は私も、その場で初めて金沢からかみを見せていただいたのです。どの柄も、町家に溶け込みながらも凛とした存在感を発揮していました。

　この町家は、もともと染物屋の店舗兼工場 (工房) 兼倉庫兼住居でしたから、現代の住居にはない珍しいものもあったと思います。板貼りの細長い作業場、天井には木を丸ごと使った丸い梁、居間は朱い塗り壁、落とし鍵で開ける土蔵、土蔵に入れば 2 階や地下室も。そして、昔は蒸気をあげながら回る " 湯のし " の機械や、反物の糊

を落とすための水槽など、染物屋ならではの装置もありました。階段も二つあるので回遊性があります。そして、小学生なら気づいたかもしれません。これらの造りはかくれんぼや鬼ごっこにはもってこいであることを！もしもその場に小学生の頃の私がいたならば、きっとかくれんぼに誘っていたことでしょう。

　皆さんにこの町家を訪れていただき、金沢からかみだけでなく、その背景となる家の造りや空気感を体験していただいたことで、あの頃の私の感覚を共有していただけたような気がしています。お越しいただきありがとう。見て、触って、質問をしてくれてありがとう。

　体験することで得られた経験はプライスレスな財産ですね。そしてこの経験という財産を皆さんから私にもおすそ分けいただいた、この素敵なプロジェクトにも心から感謝しています。

(2021 年春　西澤依小)

◎見学で得られた知見の整理

　前回の子どもたちのアイディアを見た山田滋彦社長から「本当にうちでしかできないのでしょうか？」というツッコミを受け、子どもたちの思考は、「In Kanazawa House でしかできないことは何か？」となっています。先の３つの条件にあてはめて考えると、③が子どもたちの中で最優先の課題です。アイディアを生み出すステップを考えると、「③町家という古いものにマッチすること→①金沢らしい体験であること・②オリジナル性があること」ということになります。この３つの条件を満たすアイディアをいきなり考えることは、子どもたちにとって非常に難しいことであるということが、前回のアイディアを生み出す授業で気づいたことでした。そのため、ここでは、子どもたちと In Kanazawa House のよさを確認することにしました。

　子どもたちと、In Kanazawa House にどんなよさがあったかを確認す

ると、「部屋のつくり」と「置いてある物」に大別することができました（板書写真）。この授業で感じたことは、子どものアンテナに引っかかっていた要素が、私自身の教材研究をはるかに凌駕していたということです。もちろん、事前に私も見学し、どんなよさがあるかを整理していました。ですが、この授業場面で私自身、「え？　そうなん？」と初めて知ることが多々ありました。

　２つ例を挙げます。

　まずはトイレにあった光のオブジェです。トイレを利用していて、その存在は知っていましたが、別に気にはとめていませんでした。何人かの子どもたちが、染め物を作る時に使っていた型を利用したもの（シルクスクリーン）だということを質問を通して、明らかにしてきていました。また、金沢に関係するものがふすまに描かれているなということは知っていましたが、それが「金沢からかみ」と呼ばれる希少性の高いものであることまでは知りませんでした。これも、子どもたちがインタビューを通じて明らかにしてきたものです。

　いずれも、恥ずかしながら教師のアンテナに引っかかってこなかったものです。子どもの純粋な感覚でアンテナに引っかかってきたものを、大人がその場で柔軟に答えてくれた結果です。おそらく、「このことを伝えてください」ではこのような展開にはなりませんでした。このあと、整理されたことをもとに体験プログラムの具体について考えていくこと

になります。

　子どもたちが考えた体験プログラムは、「伝統作品づくり体験」、「和菓子づくり体験」、「シルクスクリーンづくり体験」、「染物づくり体験」、「加賀料理づくり体験」、「からかみづくり体験」、「昔遊び体験」の８つです。クラスを８分割し、体験を提案するためにそれぞれのグループで学習が進んでいくことになります。

◇教科横断的な視点で実践を構築する

　町家見学で明らかになったことを整理し、町家の新たな活用アイディアを考え、山田滋彦社長へのプレゼンに向けた準備をしていきます。この学習は総合的な学習の時間ではなく、教科横断的に国語科の話す・聞く領域で展開していくことにしました。

　このとき、「総合の学習展開上、プレゼンがあるから、国語科で題材

とする」では不十分です。当然ながら、どんな資質・能力を育成するか
ということをはっきりさせなければなりません。本単元では、年間指導
計画を考慮しながら、以下の目標を重点的に取り上げることとしました。

　1点目の、話し合うことに関する指導事項については、第7章で詳細
を述べることとし、ここでは、メインストーリーを追っていくことにし
ます。

■目的や進め方を確認し、司会などの役割を果たしながら話し合い，
　互いの意見の共通点や相違点に着目して、考えをまとめることが
　できる。
■相手に伝わるように，理由や事例などを挙げながら，話の中心が
　明確になるような構成で話をすることができる。

　まずは、子どもと学習のゴールを設定します。提案するからには、採
用してもらいたいという思いがあり、「滋彦さんに、なるほど！」と思っ
てもらうようにしたいという声がありました。そのゴールに向け、どん
なことが必要かを問い、子どもと話し合う中で、学習計画を決めました。

　それぞれのチームで提案内容を吟味し、プレゼンに向けた準備をして
いきます。提案内容が具体化してからは、滋彦社長から OK をもらえる
プレゼンにするにはどうしたらよいかということをもとに試行錯誤を繰
り返していきました。その試行錯誤の際に、立ち返るポイントとなるの
は、滋彦社長が子どもたちに示した3つのポイント（①金沢らしい体験
であること、②オリジナル性があること、③町家という古いものにマッ
チすること）であり、これらに立ち返りながら、他チームに見てもらっ
たり、校長先生に見てもらったりしながら、他者からの助言をもらって
いました。

　実際に、「オリジナルの部分が弱いんじゃない？」や「それってなん

で金沢らしいの？」という指摘が見られ、他者から評価してもらうごと
にプレゼンの質は向上していました。どのチームも厳しい指摘を受け止
め、前向きに進んでいくことができていたのは、採用してもらいたいと
いう強い思いがあったからです。休み時間も自主的に練習を繰り返して
いることもあり、子どもたちはいつでもプレゼンできるというような自
信をもっていました。自分たちのプレゼンの様子を動画で撮影し、自分
たちでチェックしたりしている様子も見られました。

　また、学びのプロセスの中で、真剣に取り組んでいるがゆえに、グ
ループメンバーと意見が対立することも多々あります。実際に、うまく
話し合いが進まなかったり、泣き出す子がいたりするグループがいくつ
かありました。こういうことが、彼らにとっての学びの一つになります。
あくまでも見守ることをベースにしながら、それでも問題がある時には
それぞれの言い分を聞く中で、今後どうしていくことを考えさせてき
ました。対立があったとしても、「山田滋彦社長に対して、自分たちが

考えた町家での体験メニュー
をプレゼンし、実現してもら
う」という共通の目的がある
ので、多少のことは乗り越え
られるのです。

　社会に出ると、こういうこ
とはざらにあり、いかなる場
においても合意形成していく

ことが必要となってきます。このようなことを、小学校段階から経験させていきたいのですが、そこには、やはり何のための学習なのかを明確にし、共通のゴールを子どもたちがもっておかねばなりません。その共通のゴールがあれば、プロセスに問題があったとしても、最終的に一つになれますし、「もめてる場合じゃないよね。これから、どうしよっか」と前向きになれるのです。

　また、本単元は7時間単元です。週に2回の総合の授業だけで学習を展開させようと考えると1ヶ月近くかかってしまいます。プレゼン本番が1ヶ月先であった場合、どうしても子どもの意欲に減退が生じてしまいます。ですが、教科横断的に取り組むことによってスピード感をもって学習を進めていくことができ、いい意味で子どもに緊張感が生じます。休み時間まで自ら集まり、練習しあう姿が最たる例です。指導事項をしっかり吟味しながら、教科横断的に取り組んでいくことは、総合的な学習の時間における学びを一層深めていくことにつながるのです。

◇活動に変化を与える新たな視点

　今回のプレゼンのように総合的な学習の時間では、実践パートナーの方などに向けて何かを提案することがよくあります。

　実は、この場面に大きな穴があります。子どもたちの提案に対して、「よくできていますね」や「おもしろいアイディアだと思います」といったプラス評価で終止してしまいがちなのです。おそらく、実践パートナーの方が子どもたちに気を遣うのでしょう。ですが、それでは次への学習の新たな展開のきっかけにはなりません。

「小学校総合的な学習の時間　解説編」では、他者との協働的な学びについて、以下のように述べています。

　協働的に学ぶことの意義の一つ目は，多様な情報の収集に触れる

ことである。同じ課題を追究する学習活動を行っていても，収集する情報は協働的な学習の方が多様であり，その量も多い。情報の多様さと多さは，その後の整理や分析を質的に高めるために欠くことのできない重要な要件である。**二つ目は，異なる視点から検討ができることである。整理したり分析したりする際には，異なる視点や異なる考え方があることの方が，深まりが出てくる。一面的な考え方や同じ思考の傾向の中では，情報の整理や分析も画一的になりやすい。**三つ目は，地域の人と交流したり友達と一緒に学習したりすることが，相手意識を生み出したり，学習活動のパートナーとしての仲間意識を生み出したりすることである。共に学ぶことが個人の学習の質を高め，同時に集団の学習の質も高めていく。このように協働的に取り組む学習活動を行うことが，児童の学習の質を高め，探究的な学習を実現することにもつながる。

（「小学校学習指導要領解説　総合的な学習の時間編」p120）

　上記太字で示したように、実践パートナーの存在は、新たな視点を付与するという点で大きな役割を果たすことになります。子どもなりに、一生懸命何かを調べ、収集した情報について整理分析したものをもとに、何かを提案したとしてもどうしても、一面的なものになってしまいがちです。その提案内容について、実践パートナーが客観的に分析し、指摘することで、子どもに新たな気づきが生まれます。ですから、プラス評価だけではなく、次につながるようなマイナス評価も伝えることが大切です。子どもたちだけでは考えられなかったような視点や考え方が得られることによって、探究的な学習の実現に近づくのです。

◇プレゼン結果と新たな視点

　プレゼン当日、３つのポイントをもとに滋彦社長が事業化できそうだ

と判断した5つの体験が選出されました。選出された体験は、「伝統作品づくり体験」、「和菓子づくり体験」、「シルクスクリーンづくり体験」、「染物づくり体験」、「唐紙づくり体験」です。「加賀料理づくり体験」、「昔遊び体験」はどちらもオリジナル性に欠け、事業として適していないということで不採用となりました。その説明の際には、オリジナル性に欠けているということを、「金沢ですでに取り組んでおり、差別化ができない」という言葉で具体的に示してくれました。その説明を聞き、そのグループの子たちも納得していたようです。なお、不採用となった2つのグループに属していた子どもたちは、相談の結果、選出されたグループに合流し、今後の学習に参加していくこととなりました。

　子どもたちは、5つの体験が即座に事業化されると考えていたようですが、決してそんなに甘いわけではありません。事業化するには、具体的になっていない部分が多々あります。滋彦社長から、

「採用された5つの体験も、さらなる作成物の具体、価格、必要経費などの詳細案がないと事業化は難しいので、さらに具体的にしてほしい。また、その体験をする時に、どんな人をターゲットにするかも考えてほしい。そして、それをもう一度提案してください」

というコメントが入りました。この指摘が、今後の子どもたちの新たな視点となるのです。子どもたちはすでに自分たちの体験は完成形に近いと考えていましたが、滋彦社長からの指摘を受け、事業化するためにはさらに具体的に決めなければならないということを知ります。「よく頑

張りました」だけでは、新たな視点を生み出すことはできないのです。

選出されたという安堵も束の間、新たな視点で自分たちの体験を考え直していかなければなりません。子どもたちは、このプレゼンに向けて、調べられることは調べてきていたこともあり、今よりも詳しくするにはどうすればいいかで頭を悩ませることになります。ですが、選出されたことが自信につながっているため、すぐに切り替え、子どもたちはどうすればよいのかという打開方法について知恵を絞っていました。

◇結果を受け入れるために

今回のようなコンペ形式を授業に位置付ける時には、望まぬ結果を受け入れる土壌を子どもたちの中に構築しておくことが必要です。熱中して取り組んでいるあまり、選出されなかった際に大きなショックを受けてしまうことがあります。実際に、5年以上も前の実践ですが、このような授業の際に、気持ちを処理しきれず、なかなか次のステージに進めない子がいました。自分たちのグループのアイディアが選出されなかった理由は頭でわかっていても、頑張りが結果につながらなかったことから、次の活動も上の空という状況がしばらく続いていたのです。その時は、「受け入れて前に進むしかないよね」という声かけしかしていませんでしたが、今思うと配慮が足りませんでした。

それ以降、朝の会や休み時間など、結果発表本番前には笑いを交えながら、模擬結果発表を行うことにしています。選出されたバージョン、選出されなかったバージョンという2つを体験させますが、そこでは喜

びの舞や、悲しみの嘆きなどいろんな表現が出てきます。また、数名に「こちら見事選出されたチームの○○さんに来ていただいています。今の気持ちを一言でどうぞ」や「いやー、残念な結果となった△△さん。ですが、いい頑張りでしたね。実際、どうでした？」など、筆箱をマイクに見立て、インタビューをすることもあります。確実に笑いが起きますし、何よりも心の準備ができます。このような裏側での配慮も大切です。そして、採用されなかった場合、そのグループのメンバーは、そのあとはどうするのか？というところも確認しておきました。話し合いの結果、グループを解体し、採用されたグループに途中参加するということになりました。

　また、このようなコンペ形式の授業では、全ての子どものアイディアが報われるわけではないので批判されることがあります。ただ、社会に出るとこのような経験は数多くあるはずです。ですから、頑張ったから、全てが報われるわけではないということをこの段階で体験することに大きな意味があります。報われなかった子へのアフターフォローさえしっかりすれば、全く問題ありません。以下は、選出されず一番悔しがっていた子のふり返りです。単に、悔しいで終わっているのではなく、理由を自分なりに解釈し、前に進もうとしていることがわかります。

 ふり返り（一例）

• 今まで精一杯やってきました。チームのみんなも最善を尽くしてくれたのではないかなと思いました。結果は不合格で採用されませんでした。くやしかったです。社長は良いところと悪いところを両方教えてくれました。（途中略）そして、悪かったところは、オリジナル性を出してきれていなくて、くわしくできなかったというところです。私は、この失敗をいかして、次は他のグループの人たちのものと一緒に実現に向けてがんばって取り組もうと思います。

　　　空き家問題を公務員や建築家らから多面的に学び、実在する町家の活用策を練る──。金沢大学附属小学校複式学級の授業を取材し、うらやましいと思った。子どものころ、学校の授業が実際の社会でどう役立つかわからず、ぼんやりと過ごした。そんな日々を大人になってから悔やんだからだ。

　2019年6、9、10月、学習の様子を取材した。会うたび、子どもたちから伝わる学習への「熱量」は高まっていた。空き家の現状を知り、対策を考えるという段階ごとに、子どもたちが手応えを感じているのが伝わった。

　子どもたち自身が「自分たちのアイディアによって社会の課題を解決できる」と実感を持ち、主体的な学びになっていると感じた。そんな子どもたちの姿勢に「日本の未来は明るい」と思い、私の気持ちも明るくなった。

　社会の課題を「自分事」と捉えることが、課題解決への第一歩だろう。人口減少が進む中、増え続ける空き家を減らす特効薬はない。子どもたちが真剣に考え続ければ、将来、解決策の一つを導き出せると確信した。

　子どもたちの熱量は周りの大人にも伝わった。気づけば、私も傍観する取材者の立場から、ほんの少し踏み込んだ。空き家対策を考える上で参考になればと、金沢市湯涌地区のまちづくりグループの事例を紹介した。市中心部から車で20分ほどの湯涌。全国の中山間地域と同様に過疎、高齢化の問題に直面している。危機感を持った住民たちは2015年から空き家・宅地の情報を発信し、山里の自然や食をの魅力を伝えるイベントを開催。2019年末までに11組26人の移住につなげた。

　その活動を引っ張ってきた元消防士の北幹夫さんが定年退職後の

2019 年夏に築 60 年以上の空き家を改修し、カフェに生まれ変わらせた。休日、カフェに足を運び、北さんから話を直接聞いた子もいた。その熱心さに驚いた。やらされているのではなく、課題を「自分事」と捉え、主体的に学ぶ姿があった。

　子どもたちの探究心を育む環境が整っていると感じた。担任の福田晃教諭の熱意と人脈、挑戦を後押しする学校や家庭。いろんな子どもたちの可能性を伸ばすため学校と家庭と社会がつながる教育システムとして、ぜひ広げてほしい。

　右肩上がりの時代とは違い、現代社会が抱える課題はより複雑になっている。コロナ禍をみても、国・自治体のリーダーは感染防止と経済再生の両立という難しいかじ取りを迫られている。決断力だけでなく、さまざまな利害関係者の声に耳を傾けて調整する力が不可欠だろう。町家の活用策をグループで一つにまとめ、発表する一連の学習によって、仲間と協調することでより大きな成果を挙げられることも子どもたちは学んだと思う。今回の試みは、未来のリーダー教育につながる。

（北陸中日新聞　押川恵理子さん）

町家での事業内容の検討、そして提案

4章

◇新たな学習のスタート

　山田滋彦社長の「①作成物の具体、価格、必要経費などの詳細案がない。②どんな人をターゲットにするかも考えてほしい。それをもとに再度提案してほしい」というコメントを受け、子どもたちはさらに、体験の詳細について考えていくことになります。

　学習の新たなフェーズのスタート場面で子どもたちがコケるのが一番しんどいです。走ろうとする気持ちがあるのに、活動が見えないために、その場に留まってしまったり、異なる方向に行ってしまうことが、ここでいうコケるにあたります。こうなると軌道修正に大きな時間がかかります。過去に何度もこの段階で子どもたちをコケさせてしまったこともあり、苦労してきました。

　そのような思いもあり、①と②の条件をいきなり考えることは適切で

65

はないと判断したため、プレゼンでの滋彦社長からのフィードバック（①、②）を確認し、その具体として、In Kanazawa House で実際に行っている手毬寿司づくり体験のコンセプトシートを子どもたちに示しました。また、これをもとに、前

次のプレゼンで取り入れてほしいこと

1) お客について
・どんな人（ターゲット）に来てもらうのか？
・（ターゲットは）どんなことを考えているのか？どんなことや物が好きなのか？
2) 体験について
・体験の内容（具体的な流れ、時間）
・他のところでやっている体験とのちがい（オリジナル性）はどこか？
・体験をする場所

具体例）
手まり寿司体験
1) お客について
・日本人観光客の中でも20才代の女性グループ
・カワイイ見た目やデザイン性がよいものを好きである
・「お得！」とか「きれいな写真がとれた（インスタ映え）」っていうものにびんかん

2) 体験について
・すみませんが、弊社サイトを見てください。
・In Kanazawa House の1階和室

章で述べたような学習計画を立てていきます。

　子どもたちは手毬寿司体験の具体的な事例をもとに、自分たちが考えていかなければならないことをつかんでいました。ところが、ここで「もう無理じゃない？」というつぶやきが聞こえてきました。「なんでそう思ったの？」と問うと、その子は「すでに第1回プレゼンの段階で調べられるだけのことは調べたし、そもそも体験にどれくらいの時間がかかるかとかそういう細かい部分は、やってみないとわからない」と発言しました。さらに、「今の〇〇さんの気持ちわかる？」と問うと、「わかるわかる」や「時間だけじゃなくて、価格とかも専門の人じゃないとわからんよね」ということが返ってきました。

　これらを起点として話し合っていく中で、それぞれのグループごとで、すでにやっている人に直接聞くことが必要、このことは滋彦社長に知ってもらっておこうという結論に至りました。

　実は構想の段階で、滋彦社長と子どもたちにホンモノの体験をさせることが必要だねという話し合いをしていました。そして、それぞれのグループごとに体験をさせてくれたり、必要に応じてアドバイスをしてくれたりする人を見つけておかなければならないということで水面下でかなり前から動いており、条件に合う方から承諾を得ていました。それは

もう少し後に出すカードとして準備していましたが、子どもの意識の中で、必要性を感じている状態だったので、時期を早めて登場してもらうことにしました。

 ふり返り（一例）

• 今日の授業で新しく〇〇さんがメンバーに加わりました。これからは一緒に第2回プレゼンに向けて、体験内容を一生懸命考えていこうと思います。見本にはなかった細かいところを考えていきたいです。また、△△さんが「もう、これ以上はできない」ということの意味もわかりました。あきらめているわけではないけど、詳しい人に聞けばもっと体験のことを詳しく考えられると思います。私も専門家の人に話を聞いて、体験内容をもっと詳しくしたいです。その時には、一人もおいていかないようにしたいです。

◇もどきではないホンモノ体験からの学び

非常にありがたいことに、1度教室で子どもたちに話をしてくださったやまだのりこさんが、この取り組みのことを広く周知してくださっていました。そして、やまだのりこさんが、5つのチームの体験内容について、子どもたちに体験をさせてくれたり、何かあった時にアドバイスをしてくれたりするような職人の方に声をかけ、授業に関わる承諾を得てくださいました。

染め物体験チーム：深村泰子さん（染め物職人）
シルクスクリーン体験チーム：深村泰子さん（染め物職人）
金沢からかみ体験チーム：永嶋明さん（表具職人）
和菓子づくり体験チーム：谷口直子さん（料理研究家）

加賀繍体験チーム：髙田千春さん（加賀繍職人）

　詳しいことを専門の人に聞かないと先に進むことができないということを、滋彦社長に伝えたところ、再度教室に足を運んでくださり、「5人の方を紹介します。わからないことは、どんどん聞けばいいですし、一度お客さんの目線に立って、どこかで似たような体験もしてみてほしい」とコメントをしてくれました。グループごとに次のプレゼンで詳細を取り上げるために、専門家の先生方に質問することを話し合いました。

■専門家の先生方に質問したい事柄の一例
- 体験そのものにどれくらいの時間がかかるのか？
- 初めて体験する人もできるのか？
- 体験の時にそろえなければならない材料は何か？
- 準備にどれくらいの時間がかかるか？
- 材料をそろえるのにどれくらいのお金が必要になるのか？
- どんな道具が必要か？

etc...

　日程を調整し、5人の先生方を教室にお招きするわけですが、事前に子どもたちが聞きたがっている項目を伝えておきました。すると、全て説明するよりも一部体験してもらった方が早いということで多くの先生方が、回答になるような体験の準備をして授業に参加してくれることになりました。

　2コマの時間を設けましたが、子どもたちはその中で体験をしたり、わからないことを教えてもらったりする中で、ホンモノにどっぷりつかることになります。

　目的が明確になっていることもあり、子どもたちは真剣にメモを取りながら、話を聞いていました。また、ここでは、自分たちが考えてい

た体験を実際にできたという
ことに大きな意味がありまし
た。これまでは、体験を提案
する立場であり、いくら子ど
もたちが一生懸命考えたとし
ても、それはあくまでも机上
の空論でしかありません。で
すが、実際に体験してみる中

で、おもしろいことや大変なことなどがかなり具体的に見えてきたよう
です。これはやはり、ホンモノ体験を通して学ぶことでしかできないこ
とです。

　このホンモノ体験での学びは、別の言葉で表現すると、異なる立場に
立った学びです。これまでは、体験を企画するという立場で物事を見て
考えてきましたが、今回のホンモノ体験によって体験する人の立場で物
事を見て考えることができました。このように立場を変えて物事を見る
ということは、あらゆることに必要な手立てだといえます。

😊 ふり返り（一例）

　・今日、髙田さんに加賀ぬいの体験をさせてもらって、初めてわかっ
　たことがたくさんありました。（途中略）加賀ぬいと言っても、い
　ろんなレベルがあるので、どのレベルのものを体験で作るかによっ
　て、時間とか準備する物がちがうので、まずはそれを決めなければ
　ならないということがわかりました。私は、あまりレベルが高くな
　ると時間が長くなるので、簡単なものにしたらいいと思います。み
　んなの考えを知りたいです。

◇金沢町家での体験事業を考える①
〜グループ進度に応じた学びの展開〜

　子どもたちは、専門家の方にお聞きした話や体験したことを整理していきます。明らかにしていきたいことを事前に明確にしていたこともあり、その項目に基づき、わかったことを個人で確認し、それをグループ内で共有していきます。ここではふせん紙を使ってグループごとに情報を整理しましたが、この整理した事項をもとに具体的な体験について考え、プレゼンの準備をしていくことになります。

　この段階で、第2回で採用するかどうかの基準を滋彦社長にもう一度示してもらいました。ここは、第1回のコメントから大きな変更はありませんでした。①どんな人をターゲットにする体験かを明確にし、ターゲットにあった体験になっているかどうか、②作成物の具体、価格、必要経費などの体験の詳細が明確になっていること、の2点です。ただ、この評価のポイントについては、子どもたちが体験を考えていくプロセスを見ていて、滋彦社長と話し合い、①の条件を変更しました。子どもたちにとって、ターゲットを絞ることの難易度が非常に高いことを考慮し、「石川や金沢について十分知らない人」をターゲットにすることとしました。このことについての詳細は後述します。

　一度プレゼンを経験していること、ゴールに向けて何をすべきかを下位項目に落として考えるということをずっと経験してきているので、子どもたちでそれぞれのグループ学習計画を立てて進めていくことができます。子どもたちはこの後、約1ヶ月をかけ、体験内容の検討およびプレゼン準備に取り

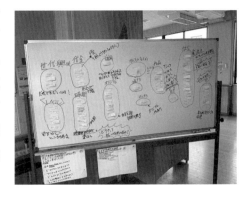

組んでいくことになります。

また、第1回プレゼンでは、学習をして進めていく際に、体験の詳細を考える時間4コマ、プレゼンの構成を考える時間1コマ、構成をもとに詳細化する時間2コマ、資料作成に1コマ…などそれぞれの時間で何をするかを子どもたちと立てた学習計画をもとに明確にして授業を展開していました。

このような授業展開で、特に後半に困ったのが、グループ間における進度の差です。授業者として、この開きが必要以上に生じないように停滞しているグループの様子を適宜見守り、必要に応じて声をかけ、グループの話し合いに入っていくことは当然していました。ただ、それでもこの差が生じてしまいます。

その時間に到達すべきところまで進まないであろうと判断したグループがある場合は、授業後半に教師が積極的に関わり、教師が引っ張るということも一つの手段かもしれませんが、これは絶対にしたくありませんでした。時間はかかってもメンバー間で解決していける素地はあると思っていましたし、何より彼らのオーナーシップを大切にしたかったからです。ここに大きな課題をもっていました。

第2回プレゼンに向けた授業では、私自身が授業のあり方を変更することにしました。

検討を重ねた結果、学習計画に基づき、授業時間ごとに教室全体ですべきことを設定するのではなく、第2回プレゼンに向けてそれぞれのグループがすべきことを各々でしていくというスタイルに変更しました。ただ、このスタイルですと、それぞれのグループで何をしているのかを把握することが難しく、場合によってはグループで活動が停滞してしま

う可能性があります。さらに、画一的な評価ができないことも考えなければなりませんでした。

　そこで、それぞれのグループでプレゼンに向けて自分たちがしていかなければならないことを確認させ、グループごとの計画を立てさせました。計画に基づき、各グループでその時間ごとにすべきことを確認し、学習を進めていきます。1つ検討事項が終了するごとに、次にすべきことに取り組むという流れです。各グループでホワイトボードを活用しながら、話し合い内容を可視化して学習を進めていきます。また、毎時間の取り組みを自己評価させるため、授業導入場面ではそれぞれのグループにこの時間にすべきことの確認と同時にルーブリックを作成させました。

　それぞれのグループで何をしているかを把握するために、代表者にその時間に取り組んでいることを黒板に書かせ、終了後には丸をつけることで、各グループの学習状況を授業者も把握しやすいようにしました。

これによって、教師も適切に状況を把握することができ、適宜、話し合い内容を子どもと確認をしたり、フィードバックを与えることが可能となります。さらに、周りのグループの進捗状況や取り組んでいる内容も把握することができるため、プレゼンに向け、自分たちに足りない要素を確認することができたり、必要に応じて相談しに行くことができたりすることにつながります。なお、1時間につき、複数の内容に取り組むことができ

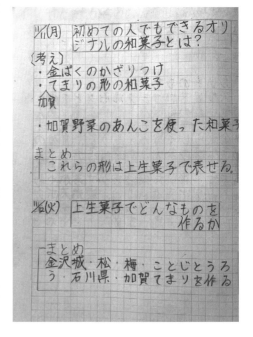

72

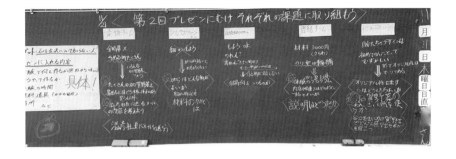

ることもあれば、そうでない場合もありました。

　このノートのように、自分たちですべきことを確認しながら、得られたことをまとめていく中で、自分たちで学習を展開させていくことになります。

　学習計画を立てたとしても、グループ内で議論に熱が入る中で方向性を見失い、目指しているところと違うところに進んでしまうことが多々ありました。そして、黒板に進行状況を書いていたとしても5つのグループ一律に関わることはできません。このようなスタイルで授業を展開していく場合、適宜全体で状況を確認することが必要であるということを序盤で強く感じました。

　そこで、それぞれの進行状況に応じた形で、状況を確認する共通の時間（次ページ表中太字）を設定しました。

　1回目は、それぞれのグループで考えたアイディアに実現性はあるのかということを考えさせる時間です。内容は異なれども、実現性があるのかという観点でそれぞれのグループが検討してきた内容を見直すこととしました。なお、子どもたちから、職人の先生方にも話し合いに参加してほしいという希望もあり、話し合いに参加してもらうことになりました。2回目は第2回プレゼンに向け、網羅しなければならない要素を確認し、各々のグループで不足していることはないかの確認を行いました。

　この状況を確認する共通の時間を設定することによって、ゴールを再

染め物チーム	シルクスクリーンチーム	伝統作品づくりチーム	からかみチーム	和菓子づくりチーム
• 具体的に何を染めるとよいか • 金沢らしさを何で出すとよいか • 深村さんに送るメールを考えよう • 体験で作るものの完成イメージ図を書こう • どの加賀野菜を使って染めるとよいか • **金時草を使って本当にうまく染めることができるのか** • たくさんの加賀野菜を集めるにはどうすればよいか • 滋彦さんに送る相談メールの文章を考えよう • **今までの情報を整理し、新たな課題を見つけよう** ○プレゼン準備	• 何を作る体験にするとよいか • どんな柄にするとよいか • 材料費でどれだけかかるのか • 考えた柄の型をつくろう • **自分たちが考えた柄は本当に印刷されるのか** • ２種類柄を追加するとしたらどんな柄がようか • 作り方を確認しよう • **今までの情報を整理し、新たな課題を見つけよう** ○プレゼン準備	• 加賀繍で何を作るとよいか • のれんにつける模様はどんなものがよいか • **自分たちの考えたデザインは本当に加賀繍で表現できるのか** • 加賀繍で何を作るとよいか • 背守りにはどんな意味が込められているか • 縁起のいい柄にはどんなものがあるか • **今までの情報を整理し、新たな課題を見つけよう** ○プレゼン準備	• 体験では何をつくるか • 何色のものが金沢らしいか • 団扇に刷る柄はどんな物がふさわしいか • どんなデザインにするか考えよう • **考えたデザインは型になるのか** • 細さに気をつけてもう一度デザインを考えよう • 体験のプログラムを考えよう • 体験の時の説明はどうすればよいか • **今までの情報を整理し、新たな課題を見つけよう** ○プレゼン準備	• 初めての人でも作ることができるオリジナルの和菓子とは • 上生菓子でどんなものを作るとよいか • カラー粘土でデザインを考えよう • **自分たちが考えたは上生菓子は実際に作ることができるか** • 金沢らしさを出すにはどうしたらよいか • あんこを作る時にどの加賀野菜が使えるか • どんな色のあんこができるかメールで聞いてみよう • **今までの情報を整理し、新たな課題を見つけよう** ○プレゼン準備

度確認しながら、それぞれのグループで軌道修正を行うことができました。それぞれのグループで目指すゴールは同じでも、ゴールへのアプローチ方法が異なる際には、このようなスタイルが有効だといえるでしょう。

◇金沢町家での体験事業を考える②
〜各グループへの関わり〜

　このように各グループごとに学習が展開していく場合、授業者が全てのグループでどのような話し合いを行っているかを把握することは不可能です。それゆえ、グループの状況を常に把握し、必要に応じて話し合いの場をファシリテートする必要があります。教職経験年数が浅い時期、このようにグループで学ぶ際には全て手順を示し、手順が進むごとに各グループへ確認を行っていました。

　当時はわかりませんでしたが、不必要にグループでの話し合いに入っていくと、逆に子どもたちの学びの足を引っ張ってしまうことになります。一方で、視点をもたずに、机間指導をしていると、何となく流れていく風景のように子どもたちの学びを見てしまいます。この見極めが非常に難しいところです。

　この単元では、３つの場面に絞り、グループの話し合いに参加することにしました。

　第1に、彼らが設定したその時間に取り組むことと話し合っていることがズレていたり、整理が必要だったりした場面です。これは、黒板に書かれている取り組み内容を把握した上で、しばらく様子を見ていればわかります。大きくズレがあり、子どもたちだけでは修正が不可能だと判断した場合にはそのグループの話し合いに入っていきます。ただ、その場合にも「ズレてるよね？」といきなり核心をつくようなことはせず、「今、何話し合ってるの？」というところを起点に入っていきます。黒板に記載したそ

の時間でグループが取り組む内容と話し合っている内容にズレがあるかどうか考えさせました。そして、その気づきをもとに、話し合いを続けさせます。また、整理が必要だと判断した際には、話し合い内容を確認し、情報を整理する中で、次の見通しをもたせた上で、話し合いを続けさせました。

　第2に、話し合いが停滞している時です。これも一つ目と基本的には同じで、黒板に書かれている取り組み内容を把握した上でしばらく様子を見ます。停滞していると見えたとしても、何かについてじっくり個人で考えていることがあるからです。じっくり考えているわけではなく、何らかの理由があり、停滞している際には「今、何してるの？」とさりげなくグループの中に入っていきます。「実は…」や「今、〜で迷ってて」などといった返ってきた言葉をもとに、情報を整理したり、方向性を示したりします。

　これらの2つに関しては、あえて入らないこともあります。時間はかかっても、メンバーの関わり方などをもとに、うまく軌道修正できるかもしれないからです。ただ、大丈夫だと思ってそのまましばらくして再度様子を見に行った時にまだ同じ状態であったり、その逆に教師が途中介入することでかえって邪魔をしてしまったりすることもあります。この判断の基準には明確なものはなく、授業をふり返りながら、教師が自身で高めていくことが必要です。

　第3に、メンバー間の人間関係に違和感を感じた場面です。具体的には、明らかにメンバーの表情が曇っていたり、熱中しすぎて周りのメンバーのことが見えなくなっているような子の姿があった際には、「どうしたん？」と切り出していきます。もちろん、人間関係をも自分たちで調整させることも必要ですし、そういう経験も大事なのですが、ここは先の2つの問題よりも少しアンテナを高く張っておくように心がけています。

　3つの場面について述べましたが、これは普遍的なものではありませ

ん。私自身、その授業で何を大切にするかによって、これを変えること
があるからです。このことについては、画一的なものをもつのではなく、
自問自答しながら適宜判断していくことが大切です。

実践パートナーより　まず、授業を通して、彼らを子ども扱いしてはいけ
ないということを感じました。大人の世界でも何か物
事を進めていくときには、それぞれの思いとか考えが
あるので、各々を尊重することが必要です。１回目の授業に参加し
た時は、子どもたちに加賀繍の体験をしてもらっただけなので、そ
のことは特に感じませんでした。ただ、２回目の授業で、体験内容
について子どもたちが議論する姿を見て、彼らも大人同様に１人１
人しっかりとした考えや思いがあるので、むやみに子ども扱いをし
てはいけないということに気づきました。そして、そのことに気づ
いてからは、子どもだから何かを一方的に教えてあげるといったこ
とはせずに、大人と同じように接することを心がけていました。そ
れ以降、自分で持っているものを常に子どもたちにしっかり出して
いったり、自分の工芸に対する思いをしっかり見つめ直して、事前
準備をしてから授業に参加するようにしました。

　だからこそ、私も本気になって子どもたちのアイディアに対して、
意見をしました。そして、それを後押ししてくれたのが、福田先生
の「現実を見せてやってほしい」という言葉でした。最初こそ、少
し遠慮はしていましたが、徐々に彼らの体験の提案で微妙だった場
合は、できないということを理由とともに伝えました。そうすると、
その指摘をしっかりと受け止めて、どんどん新しいものを出してき
ます。ですが、すぐに良いものが出たかというとそうではありませ
ん。新しく考えた内容も、費用や時間などの実現性の観点からは難
しいものでした。ただ、その一連の流れをいつの間にか私も楽しん

でいたように思います。これを言ったらどんなアイディアを出して
くるかなということは常に考えていました。福田先生はそういうこ
とを私に求めていたんだろうし、とことんやろうかなと途中で思う
にようになりました。

　ただ、なかなか難しいこともありました。それは子どもたちの熱
量が高すぎるため、話し合いがうまくまとまっていかないというこ
とです。そもそも、私も子どもたちのアイディアが面白いと考えて
いましたし、アイディアに対することを真剣に考えていたため、そ
の場のコーディネートまでうまくできませんでした。話し合いがう
まく進まずに、アイディアについてずっと話し合っていることその
ものに、私の工芸に向き合うヒントがあると思っていたので、なお
さらできませんでした。その部分については、状況をしっかり見て
くださっていた福田先生がうまく入ってきて、整理してくれたので、
あとはよろしくという感じでまかせていました。

　そもそも、授業に長期的に参加してほしいという依頼があった時
に、授業を利用しようという思いがありました。子どもたちは、外
から見た工芸というものを何のフィルターもなく話してくれるの
で、体験したことや途中での話し合いから本質をついたことを子ど
もたちは言ってくれるということがわかりました。「刺繍って大変
だ」とか「時間かけて作っても汚れたら微妙だよね」とか、そうい
う視点で敬遠されているんだなということがあらためてわかりまし
た。また、何の柄を刺繍するのかということを聞いた時に、カニや
エビといった私にとってはひねりがないと思っていたものが出てき
ます。ただ、落ち着いて観光客の視点に立って考えると、ひねりが
あるようなものではなくシンプルなものがいいと思うようになりま
した。だから、それまでは凝ったものをワークショップに位置付け
てきましたが、この授業以降、場所や対象によってワークショップ
の内容を変えるといった差別化はするようにしました。私にとって

は、授業に参加することが学び直しになっていたように思います。

（加賀繍職人　髙田千春さん）

◈ これまでの学びをふり返って

　9ヶ月にわたり、複式学級の授業を子どもたちと一緒に創ってきた山田滋彦さんと当時のことを思い出しながら、ふり返ってみました。

福田：子どもたちのプレゼンを踏まえて、どうでしたか？ 難しかったところとか。

滋彦：福田さんにも相談しましたけど、ターゲット、ニーズは子どもたちに考えさせるのは難しかったですよね。

福田：たしかに、自分もそこは反省です。さすがに無理がありましたね。

滋彦：でも、子どもたちがおもしろいとか、いいなとか、金沢らしいなって感じることであれば、石川県や金沢市のことをあまり知らない人や外国人観光客にとってもおもしろいものになるんじゃないかなって彼らの姿を見ていてそう思いましたね。

福田：ですよね。こっちも見てて、あんまりない体験をつくりあげていくので見ててワクワクしてましたもん。で、実際、2回目プレゼンでは最終的に全部事業として行うって意味で採用したわけじゃないですか。実際、子どもたちの最終提案はどうでした？

滋彦：そこは2つ見てたんですよ。1つ目がユニークかどうか、金沢らしさがあるかどうか、飛騨とか京都とかで全く同じことやってても意味ないですしね。例えば、着物レンタルやりましょう、って言われても価値がないので。で、2つ目がプロ

セスですね。ずっと、彼らの学びのプロセスを見ていたので、正直微妙な提案もありましたけど、そこは採用した後に、指摘してもうまいこと修正していくだろうなって思ってました。

福田：プロセスって言いますと？

滋彦：染め物チームなんか、難しかったと思うんですよ。染め物と金沢らしさってなかなかリンクしないじゃないですか。だけど、そんな中で、金沢らしい梅の木を使って染めましょうとかまでもっていってましたし、のびしろはあるなって期待ができました。

福田：あ、そういうところもあったんですか。

滋彦：もちろん、基準も明確にもってましたよ。だけど、最終的にOKにしたのは、どのグループも提案に至るまでのプロセスがよかったからですかね。あと、プレゼンもよかったです。

福田：プレゼンまでほめていただいてなんか申し訳ないですね。

滋彦：正直、1つくらい落とそうかなって、プレゼン見る前までは落とそうかなって思ってましたけど、プレゼンいいなってのがあったんでね。

福田：プレゼンがよかったっていうと具体的にどんな感じですか？

滋彦：みんなでやろうって感じですかね。別にプレゼンなんて適当にやろうと思って誰か一人が言うとか何でもできるじゃないですか。でも、メンバー全員の気持ちがすごく伝わってきたっていうのもあって。

福田：出会った時から、滋彦さんにはビジネスとしてやってください、子どもら頑張ってるからっていう情で動かないでください、って言ってたじゃないですか。そこちょっと変えて、情で最終的に入れちゃったんですか？

滋彦：いや、そうじゃないですよ。でも、プレゼンがよかったって

いう理由もありだと思うんですけどね。大人の世界でも、アイディアしょぼくても、プレゼンよかったらいいなってなるじゃないですか。小学校3・4年で、個人でじゃなくて、チームとしてあんだけ訴えかけてくるってすごいと思うんですよ。だから、情とかじゃないかな。

福田：なるほど。全部採用ってなったけど、結局コロナであらゆることが飛んじゃったじゃないですか。実際、コロナがなかったら、5つの体験を実現させていた可能性はありますか？

滋彦：いや、そこは全部やるつもりでしたよ。1回全部やってみて、継続するのは評判がいいやつ。それを継続しますけどね。ひとまず、本当に全部いいと思いましたよ。

福田：そこは子どものアイディアにのっかってっていう感じで？

滋彦：もちろん、もちろん。

福田：今、いろいろ時期的に厳しいですけど、このアイディアを今後何か使うみたいな可能性ってあります？

滋彦：コロナで体験とかワークショップって無理なんですよ。だから、金沢からかみみたいな通販とか物販をしていくとか、場合によっては他の物の物販とかですかね。体験とかワークショップに変わるようなニューノーマルに合わせてって何かをつくっていくっていうことをしないと難しいかなって思います。体験市場ってもともと小さくて、大きくなろうとしてた市場だったんですけど、このコロナで成長性自体がなくなりましたから。ええ。

福田：ちょっと、質問は大きくなりますけど、1年間ずっと深く学校に関わる中で、滋彦さんが得たものってありましたかね？よく滋彦さんがおっしゃる子どもの姿からの学びとか気づき以外で。コロナによって、学校で考えたことをもとに事業を拡大ってのもできなかったじゃないですか。だからこそ、そ

れを聞きたくて。

滋彦：うーん、そういう学びとか気づき以外だと２つありますね。まずは信頼ですか。保護者の方ともつながることができましたし、メディアで取り上げられたことを通して、普段接している人がそのことを知って声かけてくれたり。思った以上にこの取り組みのことを知ってる人が多くて、新しい事業を別で始めた時も、応援してくれる人が増えましたね。いや、数えたわけじゃないですよ。でも、きっとそういうの多いだろうなって。

福田：なるほど。そういうのもやっぱあるんですね。さっき２つっておっしゃってましたけど、もう１つは？

滋彦：あ、それは、のりこさんとか永嶋さんとか、髙田さんとかそういう授業で一緒になった人たちと深い人間関係をつくれたこと。そういうのがあって、新しい商品を開発したり、イベントをしたり、一緒に新しいことができたってことですかね。

福田：でも、前から面識が確かあったでしょ？

滋彦：あったんですけど、業者さんと施主って感じだったんで。

福田：え？ 最初から深くみたいな感じだったんじゃないんですか？

滋彦：全然。だって直接全然しゃべってなかったですもん。いい仕事する人だな、素敵な人だなって、その程度ですよ。

福田：そうなんですね。そう考えたら、授業を起点に関係が深まったっていえますね。

滋彦：なんかよくパートナーシップとかって言うんですけど、信頼関係がないとパートナーシップって組めないんですよね。でも、その信頼関係って失敗してとか、大変なことを共有して生まれるんですよね。て、考えると、授業って大変なこともみんなあったと思うんですよ。どうしようかって、そういうのもあって、それを共有してそこを最後までやったからこそ、

私にはそういうのをのりこさんとか、永嶋さんとか髙田さんとか福田さんとかにあって。わかんないんですけど、多少、そういうのがあのメンバーの中に生まれてたんじゃないですかね。

福田：めっちゃいいですね。そういうの聞けるとこっちもすごく嬉しいです。

滋彦：大変なことって、まぁなんでもあるんですけども、儲けたいとか稼ぎたいとかそんなの共感しないから長続きしないんですよね。それは子どもたちに何かを伝えたいとか、古いものを残していきたいとか、職人さんの技を伝えたいとか、そういう思いが根底で一緒だから続いたんだと思いますよ。正直、大変じゃないですか。でも、それがあるからあんなことができたんじゃないですかね。やっぱ、信頼と共感って大事ですよ。そういう意味では、学校って信頼と共感は得やすいですよね。その重要性は身をもって学べましたし、自分にとっての財産ですかね。

◎共有すべきは展開ではなく理念

　ゲストティーチャーや実践パートナーを教室に迎え入れる時には、綿密な打ち合わせが必要となります。いくら思いがこもった話をしていただいたとしても、情報量が多すぎたり、子どもの思考の流れからズレたりするようなことがあれば、授業のねらいへの到達ができなくなってしまうからです。

　以前、戦時中の実体験を校区に住む方に語っていただくことが位置付けられた社会の授業を参観したことがあります。そのゲストティーチャーは、当時の思いを語る場面でつい熱が入り、打ち合わせとは全く異なる話を始められたようです。全く関係のない話ではなかったのかもしれませんが、求められていた当時の生活とは離れた内容で、見かねた授業者が話を静止し、「打ち合わせでされていたお話をお願いします」

と軌道修正を何度かされていました。教員にとっては、このような例はまさに「あるある」です。私自身、そのような経験が何度もあります。

　これは印象ですが、ご高齢の方や職人の方をお招きした際に、よく起こりがちです。せっかくお越しいただいたわけですから、このようなことを避けたいと思うのは教員の性です。それゆえ、展開を形にした授業台本のようなものをゲストティーチャーに渡すことがよくあります。単一の時間の授業ではこのことも決して悪いことではなく、むしろ必要な手段です。

　ただし、単一の時間での参加ではなく、長期的に実践をともにする実践パートナーにはこのような授業台本を毎時間作成し、渡すことは絶対にしません。毎回の授業展開を共有することに意味を感じないからです。毎時間作らなければならない授業者、その通りに動かなければならない実践パートナーという、持続性のない構図となってしまいます。一時期、この構図で実践に取り組んでいたこともありますが、なかなか思う通りにいきませんでした。授業者にとって大きな負担となったのはもちろんのこと、それ以上に実践パートナーの自発的な動きが見られなくなり、パートナーのよさを埋没させてしまっていたのです。

　では、従来の授業台本のようなものは作らないのか、そもそも打ち合わせをしないのか、と問われるとそうではありません。もちろん、当初は授業台本のようなものも作りますし、実践パートナーとは時間をかけて打ち合わせをします。ですが、そもそも打ち合わせの内容が異なってきます。授業展開を共有することももちろんありますが、大前提として、授業の理念（①自身の授業観、②育ってほしい子どもの姿、③実践パートナーに求めていること）を共有することが大事だと考えています。

　山田滋彦さんには、当初、以下のような話をしました。

---

①自身の授業観

　社会が抱える問題に子どもが本気で働きかけた時、社会に小さな

変化が起き、その小さな変化の積み重ねでこれまでになかったムーブメントが起きます。子どものもつ純粋な思いに大人が感化され、1人、また1人と大人の行動が変わり、その行動の変化から社会的なムーブメントにつながるのです。そのプロセスの中で、自分たちの学びが誰かのためになっているという学習の意義を見出すことになり、子どもは主体的に学びへと向かっていきます。たとえ、大人たちから自分たちが提案したことを却下されたり、学習展開上で困難な状況が起こったりした時にも、子どもたちは前を向き、学びに向かっていくのです。そして、その学びに向かっていく過程において、資質・能力が身についていきます。

②育ってほしい子どもの姿

　彼らが大人になるころには、ますます社会変革が著しく予測不可能な時代となり、前例踏襲は全く通用しない世の中になります。ですから、課題を発見し、その解決に向けて、他者と協働しながら、柔軟に行動していく力を小学校の段階から授業の中で身につけていってほしいと考えています。社会でたくましく生きていくことができる素地を学習の中で、養っていってほしいのです。総合的な学習の時間が真に機能した際には、学びのフィールドは教室から社会へと広がり、オーセンティックな学びが可能となります。題材を自分なりに見つめ、課題を見出し、解決方法を考え、情報を発信していく中で、新たな課題を見出していくというこの探究的な学習サイクルは、まさに予測不可能な時代を切り拓く力が身につく学習展開そのものなのです。

③実践パートナーに求めていること

　滋彦さんには、常にホンモノを児童に示してほしいです。社会にある課題、その課題に本気で向き合う社会人としての姿、そのマイ

ンドなど、あらゆるホンモノを言葉や姿で示してほしいのです。その姿が彼らの心に火をつけます。これ伝わるかな？と思って、無難なことで落とすのはやめてください。翻訳はこっちがします。そして、これを言ったら傷つくかな、と思うことがあったとしても、相手が子どもだからという理由で、言わないということはやめてください。アフターフォローはこっちがします。子どもたちの目の前に社会のホンモノが常にあり続けるようにしてほしいです。部下と接するように言いたいことは何でも言ってくださって結構です。

　このことを目の前にいる子ども、そして具体的な授業内容を添えて共有していきます。そして、授業展開を話し合う際にもこの理念に適宜立ち返るようにしていました。ただ、授業への登場回数が多くなるにつれて、打ち合わせにかける時間は確実に短くなってきます。授業者としての授業理念を理解してくれるようになるからです。そして、授業場面でも勘所を押さえた子どもとの関わりができるようになっていきます。子どもとの関わりを見ていても、「そうそう、それそれ」とか「うまいなー」と思う機会が増えていくのです。結果として、当初は授業台本のようなものを準備したとしても、間違いなく不必要になってきます。

◇授業のふり返り

　授業後は福田先生と子どもたちの理解度と今後の授業における課題を毎回確認していました。
　このふり返りの時間は、私が子どもたちの特徴を理解し、子どもに合わせた授業を行うために貴重な時間でした。私は社会人以外では大学生と話す機会は採用活動等で経験していましたが、小学生とのコミュニケーションは友人の子どもを除くとあまり経験がなかったため、福田先生から教えていただく子どもの特徴はたいへん参考になりました。

例えば、子どもの成長するスピードは私が想像していたよりも何倍も速く、私がたまに参加する授業の間の子どもの成長の様子を福田先生から教えてもらうことにより、次回授業における課題の難易度設定をする際に大いに役立ちました。

　ふり返りの中で特に印象的だったのは福田先生が子ども１人１人の状況を把握され、各自の状況に合わせて授業の進め方や説明内容を修正されている点でした。子どもは大人よりもそれぞれの個性が豊かで、同じ学年でも成長のスピードが異なるため、各自の力を十分に引き出すためには丁寧に状況を把握し授業を行うことの重要性を学びました。

（山田滋彦）

◇教室外思考と言語の翻訳

　実践パートナーと長期間にわたって授業をしていく際に、教員がすべきことは、ずばり翻訳です。彼らは教員ではないわけですから、子どもの反応を踏まえ、柔軟に話す内容を変えていくことはできません。中には、これができる方がいらっしゃいますが、ごく少数です。ですが、普段から子どもと接している教員は、どんなタイミングでどんな言葉を使うと、ストンと落ちたり、意欲の向上につながったりするかということを肌感覚でもっています。実践パートナーが教室に訪れ、子どもたちに何かを伝えたり、語ったりしたとしても、子どもの中に落ちないと意味がありません。このことを避けるために、子どもの様子をじっくり見て、適宜介入していくことが大切です。

　今でもゲストティーチャーをお呼びした授業で十分満足することはないのですが、教職４年目のある時から自身の振る舞いの質はかなり高まったように思います。

　そのきっかけは自身の授業映像の視聴からの気づきです。６年生を担任していた当時、市役所職員の方をお招きし、観光パンフレットづくり

の観点を示していただきました。私は、職員の方をじっくり見て、あいづちを打ったり、ポイントとなることを板書に位置付けたりしていました。が、こちらも真剣に話を聞くあまり、普段当たり前のようにしている子どもの見取りができていないということに気がつきました。その授業では、いつもと同じような感覚で子どもを見ていなかったのです。授業後、子どものふり返りを見てみると、授業者としてつかんでほしいこととは別のことに注目していたり、ゲストティーチャーの話を十分につかみきれていない子どもがいたことがわかりました。

　それ以来、ゲストティーチャーや実践パートナーが話す中で、ポイントとなるような場面では、異なるタイプの子ども数名の反応を中心に見るようになりました。このことは普段の授業の中で、多くの教員が行っていることで、何も斬新なことではありません。ですが、普段とはちがう授業スタイルになると、この基本的なことができていなかったりするのです。

　この視点で他者の公開授業などを見ると、非常におもしろいものがあります。うまいなぁと思う方の授業では、ゲストティーチャーが話している時に、「あ、今、ポイントだったんだろうな」という子どもの様子で何かを判断したなと感じさせる授業者の目線や間を変化させる瞬間があります。その見取りと意思決定を気配で感じます。そして、そのどこかのタイミングに何らかの言い換えや深めるような問いがあります。うまいなぁと感じさせるようなベテランの方は、このことを感覚的にやっているのでしょう。

　今、述べたことは授業場面でのことですが、打ち合わせをする段階でも、この翻訳は必要です。ゲストティーチャーや実践パートナーと話をする中で、「その言葉は子どもの腹に落ちないから他に言い換えることはできませんかね？」や「その考え方を別の言葉で表すとしたら何と表現できますか？」などの修正は間違いなく必要です。ここでは、目の前に子どもがいるわけではありませんが、授業者として普段接している子

を想像しながら、探っていくことが必要です。

◇自分の言語能力の低さを実感

　打ち合わせやセミナー等でファシリテーションやプレゼンテーションをする機会が多く、相手の立場や状況に合わせてコミュニケーションを合わせることには慣れているつもりでしたが、子どもたちへ意図を正確に伝えることは大人相手以上に苦労しました。そして自分自身の言語能力の低さと自分のこれまでの日々のコミュニケーションにおける怠慢さ（相手に合わせたコミュニケーションを十分にできてなかった）を痛感しました。

　子どもとのコミュニケーションにおいて一番苦労した点は、ビジネスにおいては当たり前の概念や用語を子どもたちに理解してもらい、そして実行へ移すために納得してもらうことでした。

　子どもたちは納得していないと前に進めない、もしくは熱が冷めてしまい進みが遅れてしまうので、いかに納得感をもたせられるかについては普段以上に慎重に考えました。また子どもたちは大人と比較すると集中力の持続性が高くないので、できる限りシンプルにわかりやすく伝えることも意識しました。これらのことも授業後の福田先生とのふり返りを通じて学んだことです。

　町家活用の方法を子どもたちと検討するために「お客様のニーズや困りごと（顧客課題）」を具体化する授業では、子どもたちに「ニーズ」という概念を伝えることの難しさに直面しました。子どもたちに「ニーズ」を理解してもらうために、子どもたちにお客さんになったつもりで、私から具体的な例示を出して説明しようと思いましたが、子どもたちはお客さんになった経験があまりないので、お客様の視点で考えてもらうことの難易度の高さに福田先生との会話を通じて気づきました。そして、「ニーズ」の概念を伝えられたとしても、限られた授業時間の中で、ま

た子どもたちの理解力・集中力の許容範囲の中で納得感まで醸成することは難しいと考え、授業の進め方自体を見直す必要性を感じました。

　私は普段から悩ましい問題に直面した時には原点に立ち戻ることを習慣化しているのですが、今回の授業においては子どもたちの強みをフル活用したアウトプットにすることが最高の授業に繋がると考え、子どもたちの思考に合わせて授業の進め方へ変更することにしました。

　当初はターゲットを設定して想像した顧客ニーズに金沢の特性をぶつけて、活用方法を導きだすことを予定していましたが、子どもたちの視点で金沢らしい他には無いユニークな活用方法を考えるという進め方に変更しました。

　なぜ「子どもたちの視点」にしたかというと、ターゲットの主な属性の一つである外国人観光客の嗜好は子どもたちの嗜好と似ているという仮説をもっていたため、子どもの視点＝お客様の視点になり得ると考えたからです。概念や用語をわかりやすく伝えるのではなく、進め方自体を子どもの特性に合わせて変えることにより、子どもたちの理解や学習スピードが体感的にも加速するのを感じました。

（山田滋彦）

◇視野を狭めないための他者

　授業構想についてじっくり考えることは、子どもの学びに必要不可欠な行いです。しかし、題材そのものや子どもの様子に真剣に目を向け、授業構想を考えれば考えるほど、深みにはまっていくものです。そんなじっくり考えている時こそ、第三者からコメントをもらったり、代替案を提案してもらったりするような機会が必要です。

　実践パートナーと授業構想や実際の展開について話し合うことは日々の授業の認識を捉え直すという意味で大きな役割を果たします。もちろん、授業のプロではないため、彼らと話す中で、「そもそもなぜそれを

しなければならないんだっけ？」や「それって大前提なんだけど、本当にいることかな？」など普段考えないことを考えることができます。そして、それは時として大きな気づきにつながります。ただ、言うなれば、彼らは共通の目的をもった、あくまでも同じ立場に立つチームのメンバーの一員です。方向性についての共通理解がされていることもあるため、授業に関して批判的に見直すことは決して簡単なことではありません。斬新な切り口で見直すというのは難しいものなのです。

　それゆえ、現在の実践について、十分に知らない第三者に現状を伝え、フィードバックを受けるということが有効です。

　実際に考えられるのは、大学や民間主催の教育研究会、学校教員で構成される教育サークルでの発表などです。そもそもこのような機会で第三者に自身の実践を知ってもらうには、これまでの取り組みをふり返り、整理しなければなりません。その整理そのものが、次の実践へのヒントになります。さらに、参加者から「その展開で特に何をねらっているのか」や「ねらいと活動そのものにズレがある」という質問やツッコミが入ります。何気なく行ってきていることを言語化することによって新たに気がつくこともあれば、自身の取り組みの甘さに気がつくこともあります。

　もちろん、このような場に参画することは時間や労力がかかります。精神的にボロボロになることもあります。しかし、それ以上に得られる対価は大きいので、なんらかの形で客観的に自身の実践を捉えることができる場に参画することをおすすめします。授業者である教師自身が他者と協働的に学ぶ機会に自ら身を置くことによって実践の質は間違いなく高まっていくものです。

　また、教員志望の学生や、企業の方に授業を見てもらい、フィードバックをもらうというのも大きな意味をもちます。普段教員という立場ではあまり考えないことを考えるきっかけになるからです。ただ、その際には何も言わないでおくと、たいてい、「子どもたちがいきいきしていま

した。見にきてよかったです。ありがとうございました」で終わります。ですから、最初に「最後、質問してくれるとうれしいです。お願いしますね」と伝えておきます。そういう視点で授業を見てくれるようになります。最後のお願いをせず終わったあとに、「何か質問ありますか？」と聞いても、なかなか質問は出てきません。

◇ゼロベースで考える大切さ

　前職のコンサルティングファーム会社でグローバル企業の経営課題を解決する中で、課題の見極めが最も大事であることを叩き込まれました。課題を見極めるためには、お客様から聞いた情報や業界の常識を排除して、事実やデータに基づき、ゼロベースで考え抜くことを学びました。

　子どもたちとの授業では、子どもたちからの質問や提案を通じて自分が見落としていることをいくつも気づかされました。例えば、町家の活用方法の一つとして、「庭を作る体験」というアイディアが出たのですが、私は素晴らしいアイディアだと感じました。

　庭を作るという発想は、実現性の観点から大人では出難いアイディアだと思いますが、例えば、弊社の着地型体験事業のお客様である訪日外国人観光客にとって日本庭園は人気のコンテンツの一つで、日本三大庭園の一つである兼六園がある金沢らしい体験でもあると感じました。

　新規事業や商品・サービスを企画する際には、現状の強みを活かすことや実現性を考え過ぎてしまうことが自分自身でもよくありますが、子どもたちとの授業を通じて考え方の原点を再認識しました。

　後日談ですが、観光関連の打ち合わせで観光の専門家の方に「庭を作る体験」を提案したところ、専門家の方も共感してくださり、とあるイベントで似たような体験が開催されていました。

（山田滋彦）

◇授業者が抱え込まない仕組みづくり

　町家での体験事業を考えていく際には、クラスを5つのグループに分けて行いました。それぞれのグループメンバー間で時間ごとの課題を設定し、異なるペースで学習が進んでいきます。そして、それぞれのグループごとに専門家の方が実践パートナーとして位置付き、アドバイスをしてくれますが、毎時間授業に参加していただけるわけではありません。子どもたちは、事業内容の詳細を考える際に、壁にぶつかる場面が多々あります。自ずと、子どもたちは実践パートナーの方にコンタクトを取りたがります。

　ここで、教師が全てのタイミングで子どもと実践パートナーの間に入り、調整をすることはあまり得策ではありません。先生に言えば連絡をしてくれるという感覚を子どもたちがもってしまい、自分たちで乗り越えていこうという感覚が薄れていってしまいます。また、実践パートナーとの情報共有をしなければいけませんが、複数人もいた際には、連絡が大変です。複数の実践パートナーと子どもの橋渡しをするわけですから、教師の負担は確実に大きくなっていくことになります。以前、校区内にあるショッピングセンターと協働的に盛り上げる取り組みを行っていた際に、橋渡しに奔走したのですが、あまりの大変さから徐々に足取りが重くなってしまい、足を運ぶ回数も徐々に減っていってしまいました。

　このような事態を避けるためには、授業者が抱え込まない仕組みづくりが重要です。それには、

　　1）簡単な手段で情報共有をすること

　　2）子どもと実践パートナーが直接つながること

が挙げられます。

　第1の方法である「情報共有」ですが、1人1人の実践パートナーに個別に連絡していくことは現実的ではありません。そこで、行っていたことは、ブログを介し情報を伝えていたことと、板書写真を送ることで

す。

第1にブログですが、取り組んだこと、様子、成果、課題を端的に書きます。そして、実践パートナーの先生に、こんな感じで進んでいるので、見ておいてくださいね、と最初に伝えておきます。長い時間をかけるのではなく、1コマの授業あたり10〜15分程度で終わらせるようにします。そこまで時間をかけないことに加え、自身の授業記録の蓄積という意味ももつので有効な手段です。習慣化してしまえば、そこまで負担ではありません。

ただ、優先順位がどうしても低くなるため、多忙期などに一度更新のリズムが崩れてしまうと、次に書く一歩を踏み出すことが非常に億劫になってしまいます。学期末などに、この傾向に陥りがちです。

それよりも簡単な方法は板書写真を送ることです。添付して送るだけですから、全く時間がかかりませんが、たまにその写真を見た実践パートナーから質問があります。そこに答えればいいだけです。先ほど述べたショッピングセンターの実践の際には、進捗状況ごとに連絡を入れていましたが、先方の仕事のペースを奪うことになるので、あくまでも見たい時に見られるような形が理想的です。

第2の方法である「子どもと実践パートナーが直接つながること」ですが、ここではメールや電話が考えられます。決して斬新なことではないため、なんだ、そんなことかと思うかもしれませんが、ポイントはメールや電話を特別な物にしないということです。

ここで意味する「直接つながる」とは、ゲストティーチャーを呼ぶために、子どもたちに電話で連絡をさせる時にするような、裏側で何度も練習を繰り返させたり、単発で終わったりする特別感のある連絡とは意味が異なります。グループで体験事業の詳細を考えていく際に、自分たちでは解決することのできないことについてのアドバイスをもらう際に使う学習の延長で必要に応じて使うツールという認識です。

自分たちで考えることをやめ、すぐに解決策を実践パートナーに求め

るようなスタンスはよくありませんが、それはここで述べていることとは別問題です。自分たちだけではどう考えても解決できないことを自らの判断でコンタクトをとることは価値あることですので、それを実現させるためにメールや電話を使うことを許可しています。

　子どもたちが電話を所有することは不可能なので、そこは担任のスマホを使わせます。職員室にも電話はありますが、電話した子が他のメンバーに情報を伝達する必要があるため、スピーカーフォンで話すことのできるスマホにしています。あくまでも、相手の仕事の時間を奪わないメールが理想的ですが、電話の方がありがたいという申し出があった実践パートナーの方のグループのみ、電話を活用させていました。

　また、メールを活用できるようにそれぞれのグループにメールアカウントを作成し、付与しました。その際には、ファミリーリンク機能で全てこちらが管理・把握できるような設定にしています。メールの送付のマナーに関しては、子どもたちは何度も見ていますし、別段ゼロから指導することはありません。ある時、「メールだと子どもたちに待ちの時間ができるのではないですか？」と質問されたことがあります。確かにレスが数日ないこともありましたが、実社会でのメールのやりとりも人や組織によってまちまちですし、そもそも、自分も含め返信が遅くなることはごく日常的なことです。教師が全てを御膳立てし、学校教育だけでしか通用しないことをするのは変ですし、その状況で何をすべきか、ということを考え、行動できる素地さえあれば、とるに足らない問題だと思っています。

　特別なツールではないようにするとはいえ、コンタクトを勝手にとるということはさせませんでした。どういうことの課題解決のためか、相手にしてほしいことは何かということをこちらで必ずチェックしていました。その方法が最善ではないと判断した際には、代替案や考え直しの視点を与え、出戻りをさせます。このあたりのチェックをとても大切にしていました。子どもは、最初は新しいものや珍しいものに食いつきま

すし、やたらと活用したがります。これは授業者のスタンスによって異なりますが、私は、最初は先ほど述べたようなチェックを必ず入れます。そもそも Google で検索すればわかることや、既習に立ち返って判断すればできることをわざわざアドバイザーに聞く必要はないからです。このことを繰り返していく中で、子どもたちは、ここは聞いてみよう、ここはまだ自分たちで何とかなるという判断ができるようになります。

　ただ、このあたりはもっと改善の余地があると思っています。情報発信そのものを子どもにさせることです。何らかの手段で自分たちの学びをアドバイザーに向けて発信していく中で、異なる社会との接点が増えていけばいいなと考えていますが、なかなか実現できずにいます。SNSを使えば何とでもなるとは思うのですが、その障壁はなかなか大きいです。

◇チームワーク

　私は今回の授業を含め、自分の関わる全てのプロジェクトに対してベストを尽くし、またプロジェクトを一緒に進めるメンバーとは対等な関係でありたいと考えています。

　今回の授業においても、子どもたちのために何かやってあげたいという意識ではなく、プロジェクトのゴール達成のために、各自が役割を果たし有言実行で進めることを意識し、子どもたちに対しても必要以上にサポートすることを控えていました。子どもたちは今まで経験したことのない難問に対しても、自分たちで知恵を絞って課題を乗り越えていきました。

　印象的だったのが「染め物」チームです。「染め物」チームは空き家が元々染物店だったことから、「染め物」（加賀友禅ではない型染め）をテーマに金沢らしい体験を検討していましたが、「染め物」自体はそれ

ほど金沢らしさがないため、どうやって金沢らしさを実現するかという
壁に直面していました。加賀野菜を使った染め物を子どもたちは考えて
いたのですが、うまくいかなかったのです。第2回プレゼンで正式に採
択したあと、「染め物」チームを指導してくださっていた伝統工芸士の
先生から「草木染」のアイディアを紹介していただいたことをきっかけ
に、前田家の家紋になっている「梅」の木から色を抽出した「梅染め」
で金沢らしさを出すことになりました。

　しかしながら、当時梅の時期を過ぎていて、金沢市内で「梅」の木を
簡単に入手することができない状況でした。

　そんな時に「染め物」チームの子どもたちから私宛てに1通のメー
ルをもらいました。それは梅染め用の木がなくて困っているので助けて
欲しいというメールでした。私は花屋でも庭師でもなく、また梅の木を
購入した経験もありませんでしたが、子どもたちと同じプロジェクトの
メンバーの1人として、プロジェクトのゴール達成のためにできる限
りのことをやるべしと考え、梅の木を探すことにしました。リサーチや
交渉やこれまでは仕事の経験で得意としていましたが、想像したよりも
梅の木の調達は難航しましたが、知り合いの庭師から教えてもらった県
外の植栽屋さんへ何軒か電話してようやく梅の木を確保することができ
ました。その時に調達した梅の木の一部は町家の庭に植え、当時はただ
の枝だったのですが、今年はきれいに梅の花を咲かせていました。

（山田滋彦）

◎クラウドファンディングに至った経緯

　子どもたちの熱は授業を進める度に増していき、またその熱が金沢か
らかみ研究会の永嶋さんはじめプロジェクトに関わる大人にも伝播して
いるのを体感する中で、この熱をさらに増幅させていきたいと考えるよ
うになりました。

この熱をさらに増幅させるためには、教育や地域の垣根を超えて広げていくことが必要だと考え、広げる方法の一つとしてクラウドファンディングの活用を検討しました。授業へのクラウドファンディング活用に際してはいくつも問題点がありましたが、福田先生や永嶋さんはじめプロジェクトに関わる方々の協力のおかげで乗り越えることができました。

　記憶している限りで主に問題になったのは以下の3点でした。

　1点目は責任の所在で、具体的にはクラウドファンディング上でのプロジェクト主体者を誰にするのかという点です。プロジェクトに関わるメンバーの中で、各メンバーの制約を考慮すると主体者になり得るのは弊社（私）で、また今回のプロジェクトにおける想定されるリスクは大きくないと考えつつも最初は多少迷いながら話していましたが、最終的には引き受けることにしました。

　引き受けることにした一番の理由は、プロジェクトを始める際にした先生や子どもとの約束です。それは、全員が同じプロジェクトの一員で、全員が主体者として、プロジェクトの成功に向けて取り組むことでした。自身も子どもと同じく、プロジェクトの成功のためにできる限りことはやるとコミットしていたので、子どもたちの姿を見て自分もできることをやろうと決めていました。

　2点目はプロジェクトの収益の取り扱いです。これに関して、ビジネスでは一番問題が起きやすい点であるため、クラウドファンディング企画の最初の段階で、収益はプロジェクトに協力してくださる職人に還元しようと福田先生と取り決めました。

　福田先生とはそもそも価値観が似ていて、また密にコミュニケーションを取っていたので、2人の間でこの方針は異論なく決まりました。福田先生は弊社や私の不利益にならないようにと心配してくださっていましたが、長期的に本プロジェクトを捉えた時に、教育や地域と協働した取り組みは、企業のブランド価値やネットワークづくりにも寄与するた

め、弊社社員や株主もこの方針に賛同、応援してくれました。

　最後の３点目はリターンの設定および制作でした。魅力的なリターンの設定はプロジェクト成功のための重要な要件ですが、限られた時間とコストの中で何を作ればよいのかと悩んだ時に助けてくださったのは、永嶋さんや金沢からかみ研究会の職人の方々でした。残された授業時間の中で子どもたちだけで何かを作ることは難しいため、永嶋さんに子どもたちが考えた図案で何か作れないかと相談したところ、団扇づくりを快く引き受けてくださいました。永嶋さんや金沢からかみ研究会の職人の皆様には本当に感謝しています。

（山田滋彦）

◇実践パートナーのアイディアにのっかる

　滋彦さんから「クラウドファンディングに挑戦してみませんか？」という打診があったのは、第２回プレゼンが終了し、体験の詳細を最後まで詰めきった１月中旬あたりでした。非常に面白い展開だと思いましたし、即答をしたかったのですが、懸念がありました。それは残りの授業時数の問題です。年度も終盤に近づき、１年間の学びの成果を社会に発信していくという段階に来ていたこともあり、授業時数の枠に収まるかどうかについて不安を抱いていました。そこで、時数について懸念が残るという率直な思いを伝えました。

　滋彦さんと相談し、最終的には子どもたちはサイトに掲載するよびかけ文章を考えること、リターンの手紙を書くことの２つを担うということでクラウドファンディングに挑戦することになりました。これであれば、２コマと課外の時間で行うことができるので、大きな負担にもならないと判断したためです。

　もちろん、子どもの中にクラウドファンディングをするという考えは全くありません。ただ、その点に関しては、深く関わっている滋彦さん

が子どもたちに思いを伝えればすむ話です。出会ったばかりの段階でこのような打診は微妙ですが、この段階では子どもたちは、滋彦さんのことをずっと一緒に取り組んできた文字通りパートナーとして捉えています。そのため、全く問題なく受け入れることになると確信していました。

　実際に、ここでは「みんなの体験をすぐに実行するのは難しいから、ひとまずクラウドファンディングというものに挑戦して、どれだけ反響があるかをつかみたい。まずはからかみチームから始めようと思うけど、決して他のチームのものがよくないとかそういうのでは全くない」とFacetimeで滋彦さんに話してもらいました。子どもたちにとって、クラウドファンディングは聞き慣れない言葉ですが、スケールの大きさに驚きながら、「滋彦さんからの話だからやってみよう！」ということになりました。その後、自宅でクラウドファンディングとは何かということを完結にまとめてきた子がいたので、その子がまとめてきたものをもとに教室で仕組みをつかみ、サイトに掲載する文章の作成を行いました。

　今回の滋彦さんのように一緒に取り組みをしている中で、当初計画に

【児童と職人の挑戦】　空き家を活用した伝統工芸体験「金沢からかみ×金大附属小」

#地域活性　#イベント　#伝統　#子ども　#学生

はなかったことをしようという学校への打診が時としてあります。子どもたちとの学びを信頼し、可能性を感じてくれているからこそ、即答したくなる気持ちは授業者としては当然です。ただ、何もかもをむやみやたらに引き受けると、首が回らなくなったり、子どもたちが置いてきぼりになったりしてしまいます。実は過去に何度もそういうことがありました。だからこそ、今回は、滋彦さんに本音をしっかり伝え、「ここまでならそのアイディアにのっかることができる」という授業の中でできることの線引きを明確にしました。

　せっかくの申し出なのに、できる／できないの線引きをするということには正直気が引けたのですが、今思うとそれがよかったのかもしれません。ある意味、言いにくいこともしっかり伝え、本音を共有すること、これが本当のパートナーシップです。今回の滋彦さんとの経験から、共同実践者から何らかの打診があった際には、授業時数を検討すること、子どもの思考の流れにズレが生じないか検討すること、できることとできないことの線引きを明確にすることの重要性を実感しました。

　なお、多くの方の共感を得ることができ、クラウドファンディングは無事に成功となりました。新型コロナウイルス感染症の流行に伴う休校措置につき、学習成果報告会もできなくなったこともあり、社会に向けて学びを発信することができない状況になったので、結果的に本当によい機会となりました。

金沢からかみの さらなる発展

6章

　新型コロナウイルス感染症の拡大により、2019 年度に子どもたちが考えた体験事業そのものは全て頓挫したわけですが、子どもたちの発案により、金沢からかみがまた総合の授業の中で大きく位置付けられることになりました。

　2020 年の総合的な学習の時間は、金沢にある観光地であり、市民の台所でもある近江町市場を題材としています。一見、近江町市場と金沢からかみに関連性はないように思うのですが、学習を展開していく中で、有機的に結びついていきました。本章では、2020 年度における金沢からかみと関連した学びを取り上げ、どのように金沢からかみが世の中に出ていったかということを述べていきます。

◇フランスに金沢からかみのうちわを届ける

　2020年の総合的な学習の時間は、以下の流れで行いました。主題材は近江町市場としていますが、社会に子どもたちが参画し、何かを提案していく過程においてコロナ禍における社会状況を理解しておくことが2020年度の実践のキモだと考えました。社会に対して何かを提案する際に、実社会における大人から、ダメ出しを受けることも学びの一つですが、状況を踏まえていない提案は極力避けなければならないからです。

　年度当初には、＜新型コロナウイルスの流行によってどんな人たちが大変な思いをしたか＞ということを調べました。その過程の中で、子どもたちは、飲食店に携わる人、医療に携わる人、販売に携わる人などが大変な思いをしていると予想し、親の知り合いなどに実際にインタビューを行い、得られた情報を共有していきました。

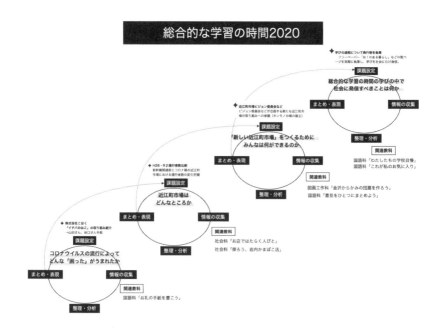

オリンピックが延期になったということもあり、子どもたちは、スポーツに関連する人も大変な思いをしているということも予想していましたが、実際にスポーツ関係者には知り合いがいないことから、ネットで調べることしかできませんでした。そこで、フランスのホストタウンである金沢市の職員篠田貴明さんに、合宿をするはずだったフランス競泳代表選手の思いを代弁してもらったり、オリンピック選手を支える取り組みをしている人の思いを語ってもらったりすることにしました。

　その授業の最後に、「みんなも小学生の立場で何かできることを考えてほしい」という呼びかけがありました。そのことを受け、子どもから「去年、クラウドファンディングで作った金沢からかみのうちわが残っているから、応援の意味も含め、それをフランスに届けよう」という意見が出ました。クラス内で同意が得られたこともあり、金沢からかみのうちわを 15 枚程度動画メッセージを添えて送ることとしました。主題材は近江町市場であるので、この学習活動から別段発展させることなく、近江町市場の学習へとシフトしていきました。

　近江町市場を題材とした学習も展開していき、徐々に盛り上がっていっている中、篠田さんより「金沢からかみを新たに柄の段階から子どもたちに作成してもらい、フランスのパラリンピックの代表選手に送りませんか？」というお誘いがきたのです。お話を受けた時には、ありがたい話だとは思いながらも即答はしませんでした。

◇子どもと相談する価値

　お話をいただいた際にまず考えたのは、金沢からかみのうちわを作ることが図工の授業でできるかということです。版を作成し、刷るという学習が図工の学習として成立するか、残された時間の中に位置付けられそうかということを図工専科の教員に相談しました。図工専科の教員からは、どちらも問題なく、むしろ面白そうだとの快諾は得られました。

しかし、単にうちわを作成し、完成させて終わりというのもあまり面白みがなく、何らかの形で現在取り組んでいる近江町市場のことと関連性をもたせたいと考えました。こういう際には、教師が授業展開を丁寧に決めていきがちですが、それは極力しないようにしています。このような時には、子どもと相談することが一番だからです。

　授業に篠田さんを招き、概要を話していただき、子どもたちにどう思ったかを問いました。もちろん、ここでは「やる！」という反応が大半を占めていました。想定の範囲内ですし、たいてい、このような場合で子どもはこうなります。

　ただ、この場面で、やりたいといいながらも表情が曇っている子がいました。「どしたん？」と聞くと「何の時間でやるんですか？」と聞いてきます。「どうしてそんなことを聞くの？」と問うと、「もちろんやりたいんだけど、もし、総合でやるんだったら、総合の時間は限られているので、今やっていることができなくなってしまうから……」と本質をつくような返答です（こちらが子どもたちに投げかけようとしていた内容だったため、この時は正直驚いてしまいました）。総合的な学習の時間の授業には限りがあり、その貴重さを痛切に感じている子どもたちだけに、「確かに…」とつぶやきがもれはじめました。そこで、「まぁ、総合の授業がきっかけになってるんだし、総合だろうね」と伝えました。

　その時は「近江町市場に子育て世代の地元客を呼び込み、盛り上げる」という大課題のもと、学習が進んでいたこともあり、一転、この話はなかったことにしていただいた方がいいのではないかという流れになりました。ある程度、考えを述べさせたあと、「作りたいという強い気持ちはあるけど、総合の今の取り組みとズレたくない気持ちもあるんだね。なら、どうすれば今の総合とズレることないうちわづくりができるの？」と投げかけました。そんな方法はあるのかとシーンとなりましたが、しばらくすると相談が始まり、「近江町市場に関する柄にすれば、近江町市場のこととうちわづくりでズレなくてすむ」という意見が出ました。

意見をつなげていく中で、何を柄にするかを考える中で、近江町市場を
もう一度見直すことになり、それが結局今の取り組みにもつながること
になるという結論に至りました。

　正直、ここは構想の段階で、近江町市場を柄にしたらおもしろいなと
いうことを考えていました。ただ、完全にこだわりがあったわけではな
く、そこを超えるような意見があれば、その考えにのっかろうという気
持ちでいました。それ以上の話は出てこなかったので、そのままの流れ
で進めていくこととしました。

　前にも述べましたが、「篠田さんから依頼がありました。近江町の柄
にしたら今やっている学習とつながるので、近江町の柄を考えて、それ
でうちわを作ってもらいます」と伝える展開だけは避けなければなりま
せん。もちろんそれで、進めていくこともできますが、活動への思い入
れは間違いなく違ってきます。自分たちで決めたということには責任が
伴いますし、その取り組みにもこだわりが生まれていきます。実際に、
このこだわりから大きな活動につながっていくことになりました。

　また、基本的に総合的な学習で題材としたことを、年度を超え、継続
して行うことはこれまでしてきませんでした。どうしても惰性が出てき
てしまうからです。ですが、今年度の取り組みを通し、場合によっては
題材の一部を重複させていくことの可能性も感じました。現に、金沢か
らかみは、2019年度の授業が起点となり、2020年には少しずつ社会的
認知も高まっていくこととなりました。

　もちろん、授業を行う学校の視点からすると検討すべき事項は多々あ
りますが、学校と協働的に何か行っていこうと考えている方は単年度の
取り組みではなく、継続的に関わっていくことを推奨します。

◇ STEAM 教育と総合的な学習の時間

　昨今、STEAM 教育という言葉を非常に多く耳にしたり、目にした

りします。今回の金沢からかみのうちわを実際に作っていく過程は、STEAM 教育の要素を意識して行いました。ここで、これまでの文脈とは少し離れ、STEAM 教育について述べていきます。

　STEAM 教育については、プログラミング教育に関する実践の中で語られることが多く、オンラインセミナーやウェビナーの中でも取り上げられることが多くなってきました。しかし、その実践事例を聞く中で、STEAM 教育の解釈が人によって大きく違うことを強く感じています。そこで、金沢からかみのうちわづくりの中に STEAM 教育の要素をどう位置付けたかを述べていく前に、STEAM 教育に関する定義について少し整理していきます。

　STEAM 教育は、教育再生実行会議第 11 次提言の中で、「Science,Technology,Engineering,Art,Mathematics 等の各教科での学習を実社会での課題解決に生かしていくための教科横断的な教育」と定義されています。また、同会議では、Society5.0 で求められる力と教育の在り方について、「国は、幅広い分野で新しい価値を提供できる人材を養成することができるよう、初等中等教育段階においては、STEAM 教育（Science, Technology, Engineering, Art, Mathematics 等の各教科での学習を実社会での問題発見・解決にいかしていくための教科横断的な教育）を推進するため、「総合的な学習の時間」や「総合的な探究の時間」、「理数探究」等における問題発見・解決的な学習活動の充実を図る。」と位置付けています。

　そもそも総合的な学習の時間の目標は、「探究的な見方・考え方を働かせ，横断的・総合的な学習を行うことを通して，よりよく課題を解決し，自己の生き方を考えていくための資質・能力を次のとおり育成することを目指す。」と設定されています。「小学校学習指導要領解説　総合的な学習の時間編」では、横断的・総合的な学習を行うことについて、「横断的・総合的な学習を行うというのは，この時間の学習の対象や領域が，特定の教科等に留まらず，横断的・総合的でなければならないことを表

している。言い換えれば，この時間に行われる学習では，教科等の枠を超えて探究する価値のある課題について，各教科等で身に付けた資質・能力を活用・発揮しながら解決に向けて取り組んでいくことでもある。」と明記されています。これらを考慮すると、STEAM教育の推進のために総合的な学習の時間を充実を図ることの必要性も理解できます。

　一方で、各教科の要素を位置付け、ものづくりに取り組んでいればSTEAM教育なのかといえば、そうではありません。

　ここで、プログラミング教育に話を戻します。以前、ある学校で自動車キットを用い、自動車を組み立てゴールまで走らせるためのプログラムを組んでいる授業を拝見しました。自動車を設計し、ゴールに向け、走らせるためのプログラムを構築する (Engineering,Technology) ために、動きを観察しながら（Sience）、距離や角度を計算し、表現（Mathematics,Art）する必要性があります。実際に、授業場面では何度もプログラムを書き換える姿が見られました。

　そこで授業後に、あるグループの子どもたちに「なんで、あの時、30 → 10 → 5 → 80 → 20 → 100（自動車が曲がる角度）って変えていったの？」と質問したところ、「なんでって、いろいろ適当に数字入れてみたー」という答えが返ってきました。いくつかのグループに質問をしましたが、何となく数を変えている子どもたちが多くいることがわかりました。子どもたちは何度もプログラムを組み直していたのですが、そこには明確な意図がないことが伺えます。ここに大きな問題があります。

　STEAM教育の中で、大切にされている要素の一つに【ティンカリング (Tinkering)】があります。【いじくる】という意味ですが、このティンカリングを通し、創造性や問題解決力、デザインセンスなど様々な能力が身につくとされています。そしてこのティンカリングは、観察結果を整理することなく行う場当たり的なティンカリングと、観察結果をしっかりと整理し、建設的な試行錯誤に基づくティンカリングに大別できます。遠山紗矢香氏（静岡大学）は、STEAM教育では、前者のティ

ンカリングに留まることなく、後者のティンカリングへと促すための支援が有効になる可能性を提唱しています。このことを踏まえると、先の自動車を組み立てゴールに向かう授業の中に STEAM 教育の要素が位置付いていますが、場当たり的なティンカリングで終止していることから、STEAM 教育として条件を十分満たしているとはいえません。

　では、建設的な試行錯誤に基づく意図的なティンカリングはどのような条件で起こるのでしょうか。そこには 2 つの条件が必要だと考えます。

　第 1 に必要な条件は、達成したいと心底思うような学習目標の設定です。例えば、自分たちが住む街にある活気を失った商店街を自分たちの手で盛り上げるという目標と、自動車教材を組み立てゴールまで動かすという目標の 2 つで考えてみましょう。この 2 つでは、そもそも目標の質が大きく異なります。前者は、子どもたちが目標達成に向けていろいろな課題を解決していこうとする姿が考えられます。一方、後者はしばらくしていくうちに飽きが生じてくるはずです。何のためにものづくりをするのかという学習の意義を見出させなければなりません。その学習の意義を見出すことができれば、ものづくりへの意欲は持続し、意図的な試行錯誤が伴うティンカリングが起こりうると考えます。

　第 2 に必要な条件は、意図的な試行錯誤のプロセスの見える化です。先ほど取り上げた自動車づくりの例で考えると、自分たちのプログラムでは自動車が曲がる時に思った以上に曲がらなかったので、もっと大きく曲がってほしい→プログラムの角度を大きくしよう→（やってみる）→少し曲がりすぎたので、今度は少し小さくしよう→プログラムの角度を小さくしよう→（やってみる）→今度は小さくしすぎてしまった→プログラムの角度を大きくしよう→（やってみる）→できた！ ということが学びのプロセスの中に位置付かなければならないはずです。その際には、何に注目するのか、どうするのかということを、感覚ではなく、可視化できるような記録が必要ではないでしょうか。そのためには、意図的な試行錯誤を促す何らかのワークシートのようなものを準備するよ

うなものが必要だと考えています。

　ここまでのことをまとめ、自分なりの STEAM を表現すると、社会的
課題（の一部）の解決×教科横断×試行錯誤が伴うものづくりというキー
ワードで集約できます。次の項では、からかみのうちわ作りを STEAM
教育の観点から述べていきます。

◇意図的な試行錯誤

　子どもたちは、フランスのパラリンピック競泳選手が来日した際に使
える金沢からかみのうちわの作成に向けて取り組んでいくこととなりま
した。子どもたちとの話し合いの中で、ホストタウンとなっている金沢
に選手が訪れた際に、近江町市場に行ってみたくなるようなうちわにす
るという条件が設定されました。

　まず、近江町市場に関する柄を決め、1 人 1 人が柄のデザインをして
いきます。金沢からかみの技法は、型紙を使い、その型紙に塗料を流し
込むというものです。子どもたちの学びに直結する難しさは、意図した
柄のデザインと型を使って刷った柄にズレが生じるという点にありま
す。型を切り抜いてしまうことから、内部の細かい模様を表現できない
のです。自分がデザインした柄にしたいものの、意図した通りの柄にな
らないという点が今回の STEAM 実践におけるキモなのです。ここでは、
数多くの試行錯誤の場を確保するため、本番用の型紙を使う前に、八つ
切り画用紙を 32 等分したサ
イズのものを配布しました。
そして、塗料ではなく、簡単
なクレヨンを用いました。試
行錯誤を促すためです。

　子どもたちは、練習用の紙
を使い、何度も意図した柄に

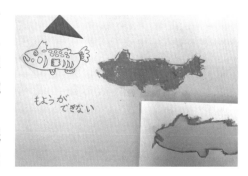

近づけようとするのですが、一筋縄ではいきません。

　この際に大切にしていたことは、この試行錯誤のプロセスにきちんと意図をもたせるということです。自分が意図していた柄と実際の柄を比較し、どこにズレがあるか、そのズレはどうして生じたか、そのズレを埋めていくために次はどこを直す必要があるかということを1人1人に考えさせたかったのです。「何だかわからないけど、うまくいったし、完成してよかった」で終わらせたくはないと考えていました。

　意図が伴う試行錯誤にさせるため、作成した型、実際にできた柄、うまくいかなかった点を端的に書いたものを毎回、個人用端末で撮影し、記録させていくことにしました。このことを通し、作成に伴う思考を促すことができると考えました。ただ、ここで述べていることは、非常に難易度が高く、1人で何度も意図する柄に近づけるため、試行錯誤をしていくことができる子とそうではない子に分かれると想定していました。そこで、その写真を Google Classroom に投稿し、仲間の試行錯誤の様子も自身の端末上で見えるようにしました。

　このことによって、意図した柄に近づける際の型のヒントを得ることができると考えたのです。実際に、投稿されたものを参考にしたり、時にはその参考にしたい型の実物を見せてもらいながら、意図的な試行錯誤を繰り返していました。

　以下は、実際に投稿された写真です。Google Classroom に投稿された仲間の投稿が引き金になり、意図的な試行錯誤が行われていました。子どもたちの型は、回数を重ねるにつれて質が高まっていました。当初は、エビの線しか写っていなかったものも少しずつ意図したデザインに近づいているこ

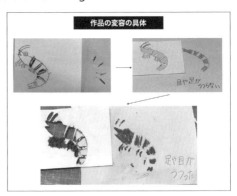

とがわかります。

　本実践では、意図ある試行錯誤を促すために、プロセスを可視化させ、端末で記録を蓄積し、さらに Google Classroom を用いて、その共有化を試みました。この一連の流れは、他の STEAM 実践でも汎用的に用いることができると考えています。

◇それぞれの立場でできることを

　子どもの学びを社会につなげ、実践パートナーと協働して行っていく際に大切になるのは、どこまで子どもがするのかということです。どこまで子どもたちが学習の中で行い、どこから大人が行うかということを明確に線引きをしておかねばなりません。このことが明確になっていないと、双方にとってプラスになりません。

　このからかみづくりに際し、本学級の子ども、金沢市オリンピック関連推進事業室、金沢からかみ研究会の３者で事業を進めていくこととなりました。金沢からかみ研究会の方と話をする中で、どのような工程が必要かをお聞きし、授業時数を考慮した上で、授業の中で引き受けること、金沢からかみ研究会の方にやっていただくことを明確にしました。話し合いの結果、子どもたちは型紙の型を作成するところまで自力で行い、うちわの骨組みの作成は職人の方にお任せし、うちわに刷り、骨組みに貼り付けるところは協働で行うこととなりました。また、フランス

に送るための詰め込みや金沢からかみ研究会と本校の連絡・日程調整、作成にかかる材料の調達、保護者の承諾などは全て金沢市オリンピック関連推進事業室の方に担当していただきました。授業の時間数の制限もありますから、全てを授業の中に位置付けることはできませんし、これらを全て学校が担当することはまず不可能です。それゆえ、今回はこのような役割分担としました。

　これは、金沢市オリンピック関連推進事業室の負担が大きいように見えますし、このことについて当初はかなり申し訳ないなと思っていました。しかし、それは杞憂にすぎませんでした。以下は、オリンピック関連推進事業室の篠田さんが本学級と関わったことについて言及されたものですが、その中にもそれぞれの役割を果たすことの重要性について述べてくださっています。

実践パートナーより　金沢市では東京 2020 オリンピック・パラリンピック大会の関連事業を遂行する部署としてオリンピック関連事業推進室を立ち上げ、主な業務としてフランスのホストタウンとなり、水泳代表チームなどの事前キャンプ受入準備をしていました。

　しかし、コロナ禍により大会が 1 年延期となったことで、フランスチームと築いた良好な関係の維持、地元での機運の低下が課題となりました。そんな中、7 月に金大附属小の児童からコロナウイルスの影響を調べており、スポーツ分野としてオリパラ関連事業について講座をおこなってほしいという依頼を受け、講座を開催しました。

　コロナ禍でもあきらめずに練習をするアスリートの現状の紹介や、課題解決のため前向きにオンライン交流を進めている旨を話したところ、「応援しています！」、「自分たちも協力したい！」といっ

たポジティブな言葉を児童からもらい、予定していた事業が軒並み変更を余儀なくされる中、自分自身が背中を押されたような感覚になったのを覚えています。

　国の補正予算により、交流事業を追加で実施できそうだとなった時、真っ先に浮かんだのが、金大附属小の児童たちの顔でした。ポジティブな反応をもらっていたこともありますが、前年に金沢からかみうちわでクラウドファンディングに挑戦するなど意欲的な取り組みをされていて、児童たちの柔軟な発想により他都市にはないオリジナルな交流ができるのではないかと感じたからです。また、児童らの「アスリートを応援したい！」というシンプルですが、豪速球でストレートな想いを形にすることが、フランスチームに対して金沢市が歓迎している意を伝えるベストな手段だと思い、協力をお願いしました。

　一番心配していたのは、すでに授業のスケジュールが組まれている中に入り込む余地があるのかということでしたが、そこは上手く先生に既存の授業と紐付けしていただいたと思っています。市の役割としては進捗管理や材料の調達など、主に調整事務を担当しましたが、行政の事務職員が日常的におこなっている得意分野ですから苦もなく進められました。役割分担を早々に形づくることができたことによって円滑に事業が進んだのではないかと感じています。

　今回のコラボで、まず何よりフランスチームが大変喜んでくれたことが最大の成果になりますが、その他に得られたものが沢山あったと思います。印象的だったのがうちわ制作の途中、伝統的な技法を用いて版をつくる工程があったのですが、大人でも頭を悩ませる細かい作業が必要でした。講師の職人の方に再度じっくり教えてもらう必要があるのでは？と不安に感じ、先生に確認したところ、「失敗から学んで皆で意見を出し合って解決することが最大の学習になります」と言っていただき、見事児童たちは思い思いの版を完成さ

せました。

　普段私たち行政職員は問題やトラブルを極力避ける傾向があります。もちろんそれは当然のことですし、安全・安心の面ではマストだと思います。しかし、今回のように真正面から課題にぶつかって時間をかけて解決していくことも大切であると改めて気づかされました。

　また、メディアの注目度の高さに驚きました。フランスチームへ児童らがうちわを制作する姿が新聞記事で大きく掲載されたことで、沢山の方から「新聞見たよ！　フランスチームが金沢に来るんだね！」といった声をかけてもらいました。なかなか行政だけだとここまで記事は大きくならなかったと思います。結果的に新聞記事をとおして、市民にホストタウン事業を周知することができ、課題としていた地元の機運の醸成にも一役買ってもらった形になりました。

　近年、ライフスタイルの多様化や共生社会の実現などにより、行政が求められるサービスもめまぐるしく変化しており、課題解決に向け、様々な視点や新たな発想を持つことが必要です。その中で、今回のコラボを通し、自分自身たくさんの気づきを得られたと感じています。

（金沢市役所オリンピック関連推進事業室　篠田貴明さん）

◇届け、金沢からかみ

　完成した型を用いて実際にうちわを作っていきます。金沢からかみ研究会の職人の方４人が参加してくださり、子どもたちは職人さんの立ち合いのもの、柄を刷ることになりました。３人グループを８つ作り、１つ１つのグループに職人さんが塗料を持参し、見本を示し、子どもたちが実際に刷るという流れです。ここは打ち合わせをもとに想定していた

以上に時間がかかりました。
職人さんが回ってくるまでの
多少の間は、他のグループの
様子を見ていた子どもたちも
そわそわし始めていることも
あり、終わったグループの後
片付けのフォローでもさせよ
うかなと考えながら、見学し
ている半数の子どもたちを集
めました。

「あきらかに時間あるけど、
この時間有効にするにはどう
する？」と問いました。まあ、
後片付けフォローが出るだろ
うなと思っていたのですが、
ある子から「この待ち時間で

からかみのムービーを作ればいい」という提案がありました。

　実は、型を作っている段階で、3人の子どもたちが「先生、ただうち
わを作って送るのはもったいないと思う。Clips（Apple のビデオ編集
アプリ）を使えば、みんなならムービーくらいすぐ作れるし、1人1人
のうちわを作っとるところをムービーにしたいんで、帰りの会でみん
なに聞いてみてもいいですか？ 授業時間がないのは、わかっているし、
休み時間とか冬休みにやるので」と打診に来ていました。

　彼女たちはもう、簡単に授業時間を使うわけにはいかない、学びに関
連することであれば全員が納得すれば基本 OK という担任のスタンスを
わかっているのです。そう言われると、別段断る理由もないので、了承
をしっかり取ること、やることになったとしても、うまくいっていない
仲間がいないかどうか常に気を配ることという2つの条件で Go サイン

を出していました。帰りの会で提案したところ、満場一致でやりたいということになり、冬休みにゆっくり作ろうという結論に至っています。このことは、オリンピック関連推進事業室の方々に伝え、結果、それぞれのうちわに映像をつけて送るということになっていました。

　こういう背景もあり、子どもから「待ち時間にムービーを作りたい」という提案があったのです。確かにそれはいいなと思ったので、教室にiPadを取りに行かせ、待ち時間にムービーを作ることとしました。刷るまでの待ち時間に、子どもたちは作っている過程の写真を撮影したり、Google翻訳を用いてフランス語のテロップを入れ映像を作ったりしていました。うちわ作りは12月末に行いましたが、時間の関係上、もう１時間を確保しなければならず、刷った柄を骨組みに貼り、冬休みの間に子どもたちが作成した映像を添えてフランスに送ることになりました。なお、子どもたちの作成した映像の中のテロップはGoogle翻訳を用いているため、多少の間違いがあります。だいたい伝わればそれでいいと思っていましたが、選手に子どもたちの思いがしっかり伝わってほしいとの思いから、金沢市役所に在籍していたフランス国際交流員のマチルダさんが、全員のムービーのテロップを完全に伝わるように直してくれました。

　子どもたちが作成したうちわは３月にスペインで行われた合宿で選手たちの手元に渡り、お礼ムービーが届きました。コロナ禍に伴い、本来行うはずだったホストタウンの金沢市民との交流ができない状態で、わずかながらできた交流に意味があったのではないかと考えています。

　これらのプロセスは近江町市場振興組合が発行するフリーペーパー「お！のある暮らし」で、一連の過程を取り上げていただいています。また、うちわと映像を作成する過程は、ある民間の教育研究会のプロジェクトの一環で、

映像化することになりました。ちなみに、子どもたちに「先生、これまでの一連の流れを映像にまとめないといけんのやけど、動画がなくて困ってんのよ」と相談したところ、子どもが再度撮影するべく、多少脚色をつけた台本を考え、朝の会で撮影させてくれました。先に述べたこととズレがあることと反応が少しオーバーなのはそのせいですが、それはここだけの話です。

◇生み出される新たな社会的ムーブメント

　この章で述べた金沢からかみのうちわづくりに関しては、2020年度の総合的な学習におけるサブストーリー的な位置付けです。図画工作科で行ったこともあり、総合の授業時数上は7時間程度です。その他の時間は、近江町市場を題材としており、「近江町市場に子育て世代の地元客を呼び込むにはどうしたらよいか」という大課題をもとに学習を展開してきました。

　2学期中盤に子どもたちは、近江町市場振興組合に活性化するための取り組みを提案しましたが、人手が必要になることから、実際に取り入れてもらう段階までには至りませんでした。近江町市場振興組合の方からのフィードバックによって、どうしてできないのかわかっていたこともあり、「自分たちが主語になる取り組みをしよう」ということになりました。身の周りにいる知人に近江町市場のよさを呼びかけたり、プロ

グラミングコンテストに近江町市場の課題を解決するためのアプリを応募したり、様々な取り組みを行って、年度終盤の最後のラストスパートに何をしていくかということについて話し合いました。第1章でも述べたように、年度当初から〇〇をするという決め打ちはしないので、この段階では、何らかの形で学びを社会に向けて発信すること、もしくは1年間の学びを生かした成果物を作ることを考えていました。この構想を念頭に置きながら、自分たちの強みをもとに何をすべきかを子どもたちと話し合いました。

　子どものふり返りや日記の様子から、おそらくムービーか、何度も使える金沢からかみの型を使った何かを作成するということになるのではということは想定していましたが、ここでは印象が強く残っていた金沢からかみの型を使って何か人の興味を引くものを作るということになりました。

　その後、何を作るか、作ることができるか、作るべきかについて時間をかけて話し合いました。経験が浅い時期には、このような段階であまり熟議することなく、教師が強引に決めることをしてしまっていましたが、子どもたちが心の底から納得していないと、その後の活動に綻びが生じます。限られた時間の枠で自分たちに作ることができるか、作ることでどんな効果があるか、人が来ることに役に立つのかなど様々な条件で検討を繰り返しました。

　最終的に、近江町市場で買ったものを入れる紙袋に型で柄を刷ったものを作ることになりました。まだ行ったことのない人にその紙袋を渡し、それを持って近江町市場に行ってもらったり、お店に置いてもらい、紙袋を見て、また行こうかなと思ってもらったりすることをねらいとしています。お世話になったお店の方にどれくらいのサイズが理想的かを聞き、ここでは合計 650 枚の紙袋を作成しました。なお、紙袋を購入する資金はプログラミングコンテストで特別賞を受賞した際の賞金を使いました。

そして、当初にはなかったことですが、数人の子どもが中心になり、キャッチコピーを入れようというアイディアが出てきました。時間の関係もあり、授業時間は本当に無理であることを伝えると、終わりの会でクラスのみんなに呼びかけ、翌日の朝の会で投票が行われ、「あなたが来ると、おみちょは元気」というキャッチコピーに決定しました。

　このスピード感には感心しながらも、日数も限られている中で、1人あたり27枚も紙袋にキャッチコピーを自宅で書いてくるというのは、本人たちはやる気になっているものの微妙だなと思っていました。こっそり、テプラでシールでも作ってやり、担任が助け舟を出してろうかなと思っていたところ、別件で、本学級に深く関わってくださっていた株式会社神島印刷の神島志朗さんにこの話をする機会がありました。すると、神島志朗さんが、数百枚程度であればとキャッチコピーのシールを作成してくださり、子どもたちに提供してくれました。数日で作成してくださり、教室に駆けつけ、子どもたちに手渡ししてくれました。完成した紙袋が、以下であり、実際に近江町市場で配布され、多くの反響がありました。

　また、同時並行で株式会社こはくのみなさんが、子どもたちの金沢からかみの型を使ったてぬぐい100枚を印刷し、有効に活用してほしいと無償で提供してくれました。子どもたちと相談し、近江町市場バトンたるものを考え出しました。お世話になったお店の人たちに配っても喜んでもらえるかもしれないけど、地元客が新しく足を運ぶことはないということで、どんどん広がっていくようにとこの取り組みをしようということになったのです。

　ここで特筆すべきことは、子どものアイディアと行動力

ではありません。キャッチコピーのシールと手拭いを提供してくださった神島志朗さんと株式会社こはくのみなさんのことです。担任や子どもたちからのお願いをがあったわけでもない中で、何気ない話の中からさりげなく、このような行動を起こしてくださいました。落ち着いた段階で、なぜここまでしてくださったのかということをお聞きしたところ、共通していたのが、「大人が行動しないわけにはいかない」というものでした。子どもたちが熱量をもって社会に参画していく姿に共感したとのことです。

　ここでは、

　①子どもたちが教室の垣根を超え社会に飛び出していく中で、社会的課題を見出し、解決に向けて彼らなりにアプローチしていく

　②そのアプローチしていく際の子どもたちのアイディア、行動力、熱量に共感した大人が解決に向けて一緒に取り組む

　③社会に新しいムーブメントが起こる。

という構図が成立しています。最近では、日本の教育が旧来型で時代にマッチしていないとか、正解を教えるだけで意味がないなどの論調を本当によく目にします。全てを受け入れるわけではありませんが、主張の一部は非常によくわかります。ただ、学校教育を起点として、このような構図をつくることもできます。

　この社会における新たなムーブメントというものは小さいものかもしれませんが、この小さな積み重ねできっと社会は少しずつ変わっていきます。学校教育にはその可能性があると信じています。

子どもの探究を支える仕掛け 7章

◇授業と授業をつなぐ

　総合の授業は週に2コマしかありません。国語や算数のように毎日ある教科の場合、学びに連続性が生じ、子どもたちの意識が途切れることはあまりありません。その場合、前日の授業内容を想起することは比較的容易ですが、数日前のことを想起するのはなかなか骨が折れます。この状況を打開するためには、コマとコマの間にも授業内容について検討したり、題材について向き合いたくなったりする仕掛けが必要です。このつなぎ目をしっかりすることが探究的な学びの成否の1つの要素です。

　そのために行っていることの1つとして、教室後方部に設置している総合ボードが挙げられます。この総合ボードは、題材に関連することを掲示しているボードです。題材に関して子どもが調べてきたことや、授

業の中で共有しきれなかったことや、疑問が残ったことに関連する資料などを掲示しています。子どもたちには、「学習に関係するものを貼っていくよ」と伝えてあります。学習に関連し、有意味なものであれば、どんなものでも掲示してもいいと思いますが、ポイントは掲示するものを作成

する主語が教師のみにならないということだと考えています。

　このボードを設置して数日後、荒廃した建物が空き家ではないかと予想し、空き家についてまとめてきた子がいました。この子のことを教室全体で取り上げ、大きく褒めました。授業以外に題材に向き合い、仲間のために調べてきたという点で非常に価値があるということを全体に伝えたのです。

　このことによって、徐々にレポートを書く子や資料を集めてくる子が増えていきます。そうこうしているうちに、総合ボードは自分たちが作っているという意識が芽生え、授業ではっきりしなかったことを調べようという意識が芽生えてきます。そして、総合ボードが更新される度に、ボード前に子どもたちが集まり、掲示されたものを読んで、会話が生じることになります。自ずと授業以外にも題材にふれる機会が確保されることとなるのです。

　教師が一方的に情報をボードに掲示するだけでは、この構図は生まれません。自分たちが作っているという意識が芽生えることによって、子どもたちは自然とそのボードの前に集まり、自然な会話が生まれます。中には、「そうなん!? すごいの見つけてきたやん！」や「見つけてくれて、ありがとう！」という互いを励ます言葉も聞こえてきます。授業と授業

をつなぐだけでなく、題材を媒介として、子ども同士のつながりが構築されているということになります。さらに、授業の中で、ボードに掲示されていることを引き合いに出して発言したり、既習に立ち返ったりすることも見られます。ただ、同様のことを続けていくと飽きがくるので、共感した際にシールを貼るといったシステムを導入するといった変化も必要だといえるでしょう。

　このよう授業以外の場面でも題材にふれ、交流がうまれるような授業と授業をつなぐプラットフォームを教室環境に位置付けることは、探究を下支えする非常に重要な要素の一つなのです。

◇情報端末の積極的活用①
〜つながらなかったものをつなぐ〜

　GIGA スクール構想に基づき、児童生徒1人1台の情報端末の環境が構築されることとなりました。この環境構築に伴う情報端末の活用を積極的によって、先で述べた「授業と授業をつなぐ」ことを一層加速させることが可能です。GIGA スクール構想に伴う、1人1台の情報端末環境では総合ボードとは異なる形での授業と授業のつなぐことができます。

　本学級では、2020 年度6月に子どもたちに Google アカウントを配布しました。その後、Google Classroom に総合のクラスを作成し、毎時間の板書写真を掲載していきました。そして、コメント欄には関係のあることであれば、どんなことでも書き込んでもよいこととしました。当初は、ふり返りを書く子が多かったのですが、少しずつ様子が変わり、授業中にはわからなかった疑問に関する情報が掲載されている Web のURL が貼られるようになりました。各自が自分の好きなタイミングでその URL にアクセスし、情報に目を通すことができるという点でも意味があったのですが、それ以上に有効だったのはコメント欄での交流です。

コメント欄で、わかったことを確認し合ったり、次の時間にしたいことを述べあったりする姿が見られました。もちろん、教師の指示がなければ、全員

がコメント欄に書き込むことはありません。ただし、コメントで行われているやりとりは全員目にしているので、やりとりを把握していることにはなるはずです。これは、授業時間という枠に縛られることのない従来できなかった新たな形の学びです。

　あまりにも、コメント欄での交流があるので、一度 Google Classroom の活用について、子どもに質問をしたことがあります。ある子は、「家にいてもみんなの考えが見られるから、総合のことをまた考えるようになりました。あと、家族とも総合のことを話すようになったかな」と述べていました。総合ボード同様、Google Classroom の活用によって、授業と授業がつながり、子ども同士がつながっていることに加え、ここではさらに、子どもと親がつながる可能性があることがわかりました。

　また、2020 年度の夏休みには、Google Classroom に総合特別クラスを作成し、近江町市場に関することで調べたことや、わかったことなどであれば自由に投稿していいということにしました。すると、夏休み 2 週目あたりから、実際に行って撮影してきた写真が投稿されたり、調べてわかったことが投稿されていきました。さらに、それぞれの投稿にはコメントが書き加えられ、ゆるやかな交流が行われていました。夏休みという物理的に会えない長期的な期間も、Google Classroom の活用を通して空間を超え、子どもたち同士でつながることができていました。

◈自己調整的な学びを促すふり返り

　グループごとに授業が展開していく際には、一斉授業の時以上に、子どもたち自らが学びを調整していくことが必要です。課題になっていることは何か、どのように進めていくことが必要かなどといったことなどを常に明らかにした上で学びに向かっていかなければ、ただ何となく学習が展開していってしまいます。一斉授業の際には、状況を踏まえながら教師がうまくハンドリングできるのですが、教室内でいくつものグループがある状況ではなかなかそうもいきません。そこで重要な役割を果たすのが、学習のふり返りです。

　ふり返りは記述させる内容によっては、自己調整的な学びを促すことにもなりますが、あまり意味をなさないこともあります。ふり返りに制限を設けず、自由に書かせると、授業でしたことを淡々と書き、そこに感想を交える程度になってしまうものをよく目にします。私の場合、子どもたちのふり返りに求めることの第一歩は記述量なので、年度当初はこれでもよしとしています。ふり返りを書くことそのものに慣れていなければ、ふり返り内容の質を求めてもその土台に乗ることができないからです。ただ、ここで終わってしまっては意味がありません。自己調整的な学びを促すふり返りにシフトしていくことが大切です。

　その際に大切なことは、何のためにふり返りを書くのかを子どもたちと共有しておくことです。子どもたちにとっても、ふり返りを書くということは日常的な行為であるため、特に書くことそのものの意味を考えずに、惰性的に書いている子もなかにはいるはずです。そのため、毎年、子どもたちにふり返りを書くことの意味をじっくり考えさせる時間を確保しています。子どもたちの発言をつないでいけば、だいたい「（その授業の）意味を見出し、次につなげるため」といったところに落ち着きます。この価値が共有されている状況とそうではない状況では大きな差がうまれます。この価値が共有されていれば、記述する内容が絞られて

くるからです。

　私の学級ではふり返りに学習内容と学習方法を書かせるようにしています。学習内容は、その授業の中で明らかになった内容（プラス）についてです。ただ、場合によっては、明らかにならなかったこと（マイナス）を書くことも考えられます。また、学習方法は、学び方そのものについての記述であり、何かに対する調べ方、仲間との関わり方、整理の仕方、まとめ方などです。学習内容同様に、プラスとマイナスの両面について取り上げています。さらに、「次につなげる」ためという目的が共有されているので、学習内容、学習方法いずれの項目についても、次の時間のことを意識した記述が徐々に見られるようになっていきます。そのことを全体で取り上げ、価値付ける中で、ふり返りの質の向上がしていきます。授業前に、必ずふり返りに立ち返らせることをしているので、ふり返りの質がある程度確保されていれば、この時間何をしていかなければならないか、どんなことを意識する必要があるかということが見えてくるのです。このことによって、自己調整的な学びが促されていきます。

😊 学習方法に関するふり返り（一例）

・今日は、前に比べてメンバーの話を聞くということができていました。自分が言いたいという気持ちはあったけど、前はそれで自分ばっかりがしゃべってシーンとなっていたので、直すことができてよかったです。次も、まずは同じグループのメンバーの考えを聞こうと思います。

　ただ、子どものふり返りは子の特性によって、記述する内容に大きな違いが生じることを念頭においておくことが大切です。具体的には、自己評価があまい子はどんな時にも、学びを肯定に捉えており、常に少しも改善の余地を見出すことができていません。一方で、自己評価がきび

しい子は、できていることがあるにも関わらず、その部分に目を向けることができず、自己を肯定的に捉えることができていません。それゆえ、記述している内容については、普段からその子が、物事を好意的に捉えるか、批判的に捉えるかというフィルターを持ちながら、判断することが必要です。そして、時には教師評価と子どもの自己評価のズレをうめていくために、「先生はこう思ったけど、どう？」と対話することも大切であるといえます。

◇話し合いの質の向上をねらう

　自身の学びを客観的に捉え、学習内容と学習方法に関する気づきが記述されていくなかで、徐々に自己調整的な学びが促されていくことは先にも述べました。ただ、いくら質の高いふり返りを書くことができていたとしても、そのことのみで全てが完結するわけではありません。子どもがふり返りを通し、何らかの課題を見出していたとしても、その課題の解決が明らかに見込めていない際には、状況を考慮しながら適宜助言をしたり、その場をファシリテートしたりしなければいけません。また、複数のグループのやりとりを全て把握することは不可能です。そこで、大きな変化が起こりそうな場面のグループや、対立が起きそうな場面のグループ、後の展開で大きな意味を見出すであろう場面のグループなどには、IC レコーダーを起き、発話を録音することを行っています。これが非常に大きな意味をもちます。教師が後ほど、やりとりを把握し、自身の指導にいかすことができるだけではなく、クラス全体にとってもこの IC レコーダーで録音した話し合いの様子を提示することによって指導につなげられるからです。

　年によって題材は異なりますが、このふり返りと録音データを起点として毎年取り組んでいることがあります。それは、子どもたち同士の話し合いの質の向上を図ることです。グループごとに、目標が設定され、

プロジェクト型で学習が展開していく時期の導入あたりでこれに取り組むことにしています。この時期のふり返りの学習方法には、自分たちのグループの話し合いそのものについて記述させます。そうすることによって、自分たちの話し合いはどうだったかという視点で自分たちの学びを見つめ直すことになります。ここでのふり返りの数点を起点にしながら、国語科の授業における「話すこと・聞くこと」領域で話し合うことの指導を行っていきます。

　ここでは、話し合い活動がうまく展開しておらず、うまくいっていないということを自分たちで認識しているグループのふり返りを全体で取り上げます。もちろん、その際には、そのグループの子たちには、学びのためにみんなのことを取り上げてよいかという了承はとっておくことが必要です。2019年度は、「総合の授業での話し合いがうまくいっていないグループがいるんだけど、その悩みを聞いてあげてもらってもいい？」という切り口でクラス全体に話をして、話し合いがうまくいかなくて困っているという内容のふり返りを子どもたちに提示しました。もちろん同じクラスの仲間からのお願いなので、決してノーとは言いません。そして、ICレコーダーで録音した話し合いを文字化した資料を配布しました（次ページ）。

　ここでポイントとなるのは、うまくいっていないグループの発話を取り上げることです。教科書に掲載されている話すこと・聞くことのモデル文は、好事例のものです。それに基づき、話し合いがうまくいっているグループの発話を、なぜこのグループの話し合いはメンバーの満足度が高いのか？という視点で分析をさせた年もあるのですが、「司会が場をコントロールしている」、「司会の進行にしたがって話しているところがよい」などといった表層的な気づきで終止してしまいました。一方で、うまくいっていない話し合いを取り上げると、たいてい「あー、これわかる」などといった声が上がります。これまでグループでの話し合いがうまくいかなかった経験を思い出し、そこに共感する子がいるのです。

花子：金沢の有名なもので少し考えたんですけど、野菜だったらちらかざれないからさ、九谷焼とか、金沢しかない加賀野菜とか、

えみ子：でも、ニスとかぬればいいやん。

花子：加賀友禅とか、ニスとかぬればいいやん。

えみ子：いや、だからさ、くさらんようにするときに、ニスとかぬればいいやん、はい

太郎：えみ子さん

えみ子：九谷焼きとか加賀友禅とか、石川の中で、石川の美術品を飾ったほうがいいと思います。

太郎：有名なものってこと

二郎：加賀野菜ってなんやったっけ？

太郎：花子さん

花子：展示なんだから、金沢の有名なものって三郎さんが言ってくれましたよね？写真だけ貼ってあっても、それはどうかなと思いました。

太郎：他の意見ある人？

二郎：昔の様子はどんなものだったのか、そういうものがあればいいと思います。

えみ子：異議があります。

三郎：写真だけじゃなくて、文字も入れればいいし、つまらなくならないと思います。一階と二階があるからどっちかでやるのもいいかなと思います。

えみ子：異議があります。

二郎：下だけでやるとかもいいのではないかと思います。

えみ子：写真とかいろいろなものにのっているし、あるじゃないですか。写真展にしなくても、いいのではないかなと思います。

太郎：写真展に賛成の人、手をあげて。

花子：今、アイデア出すんじゃないん？

二郎：写真はふるさと偉人館にもあるしさ、どこでもあるんじゃないん。

花子：全然違う意見なんだけど、金沢の有名なものを集めてきて展示すればいいんじゃないかと思いました。何か材料とかでもいいし。

三郎：なんかバラバラになってきとるよ。

二郎：金箔とかなら持ってきてるよ。

えみ子：金箔持っとるよ。金箔ついた皿とか

　このことによって、自分の過去の経験に照らし合わせながら、話し合いの質を向上させるための解決策を考えていくこととなります。

　また、「使えるものは何でも使う」というスタンスの学級なので、子どもたちの中には、教科書のモデル文と比較をする中で解決の方法を考える子も見られます。そうすると教科書のモデル文にも大きな意味が生まれます。子どもたちは、モデルとして取り上げたグループでの課題を解決するための方法を考え出しました。国語の指導事項の中に位置付く要素は網羅されていることがわかります。ただ、いつの間にか話題がズレてしまうということに関しては、解決方法を見出すことはできませんでした。

　このような時は、いくら考えても解決方法を見出すことはできません。気づきを促すのではなく、教えることも時として必要です。ここでは、話題がズレないようにどんな解決方法があるかをつかむため、NHK for School【お伝と伝じろう】第9回「何を話し合ったの？」を視聴させま

第7章　子どもの探究を支える仕掛け……131

した。この番組では、ふせんを用いて話し合い内容を見え
る化することが大切であるということをポイントとして押
さえています。ここで確認したことをもとに、子どもたち
は、次回以降の話し合い活動に取り組んでいくこととなります。

課題	子どもたちが考えた解決方法
メンバー全員が話し合いに参加できていない	司会役を立てて、進行に従って話し合う周りに気を配る
話がさえぎられてしまう	発言を最後まで聞く
意見に対する反対が続き、進まない	話し合う内容を司会がはっきりさせる
いつのまにか話題がズレてしまう	話し合いを見える化する（自分たちで解決策を見出せなかったため、NHK for School を視聴）

　ただ、解決方法を見出すことができたとしても、それが実際にできる
かどうかは別問題です。たいがいは頭でわかってはいるのですが、いざ
話し合いに熱中すると行動が伴わないものです。ですが、これは大きな
前進だと思っています。話し合いをふり返る際に、見出した解決方法を
意識できたか、実際にどうだったかをふり返れば、次時につなげること
ができるからです。そして、さらに話し合いの際に自分に必要なことを
各々が意識することによって確実に話し合いの質は高まっていくことと
なります。また、これらは国語科のみで終止することではありません。
他教科でもグループでの話し合い活動を行う際には、この視点をもとに
話し合い活動を行うとともにふり返りを行えば、子どもたちの話し合い
の質は間違いなく高まっていきます。
　これまでに述べてきたことは、以下のモデル図のように表現できま
す。第1に子どもたちに必要感をもたせます（話し合いがうまくいかな
い、どうすれば話し合いがよりよくなるかを考えないといけない）。第

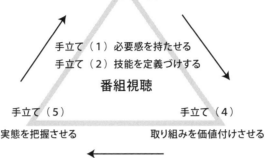

資質能力の育成モデル

手立て（3）

活用する機会を確保する

手立て（1）必要感を持たせる
手立て（2）技能を定義づけする

番組視聴

手立て（5）　　　　　　　　　手立て（4）

実態を把握させる　　　　　取り組みを価値付けさせる

D.W. ジョンソンほか著『【改訂新版】学習の輪——学び合いの協同教育入門』二瓶社を参考に福田作成（2013）

２に、技能を定義付けます（よりよい話し合いにするための解決策をつかむ、議論を見える化するなど）。第3に、活用する機会を確保します（解決策に基づき、実際に話し合いを行う）。第4に、取り組みを価値付けさせます（実際に意識してみて変わったことから、そのよさを言語化させる）。第5に、ふり返りを共有する中で、実態を把握させます（自分たちの話し合いの状況はどうか、次はもっと何を意識するか）。そして、さらに活用機会を確保するといったサイクルに基づいて、話し合いの質は高まっていくことになります。なお、これらは、話し合いの質の向上に限らず、その他のこともこのサイクルにあてはめて考えることができます。

◇情報端末の積極的活用②
～汎用的能力の育成を意図した NHK for School の活用～

　前項で述べたことは、年間カリキュラムを眺めながら、汎用的な能力で教科を横断するという視点で教師がデザインを行っていきます。また、

単一の教科でおさめるのではなく、あらゆる教科の中で子どもたちに意識させます。ただ、このことはあくまでも年間カリキュラムをもとに教師がデザインした枠の中でのことです。いくつかの汎用的能力をこれらのサイクルにあてはめて育成していくことができるのは、多くて年間5〜6つ程度です。一方で汎用的な能力を育成していく上で、先に述べた必要感が生じた状態から始まるもの以外もあります。つまり、教師のデザインが前面に出たものではなく、子どもの気づきに基づく、言うなればライトなサイクルです。

　汎用的能力の育成を試み、NHK for School の番組視聴はこれまで適宜必要に応じて、授業の中に位置付けてきました。しかし、授業での一斉視聴は授業のねらい到達に基づいて行うため、授業の文脈に沿った番組活用でなければならないことに加え、授業時数が限られているということから授業時間の中でむやみやたらに番組を視聴することはできません。1人1台の情報端末がある環境下で家庭への持ち帰りが可能となった時に、これまでできなかった学びが可能となります。家庭で各々がNHK for School の番組を視聴するのであれば、授業の文脈に沿わない番組でも全く問題ありません。それゆえ、授業で取り上げることがなかなかできない汎用的能力の育成の起点となるような番組は、宿題として家庭で視聴させるようにしています。

　また、自宅で番組を視聴させたとしても、ただ何となく視聴していてはあまり意味がありません。そこで、子どもたちには、「授業の中で使えそうなことはないか」という視点で番組を視聴するようにさせています。さらに、その気づきを Google Classroom のコメント欄に記述させ、他者の気づきにふれるような場を構築しています。そのコメント欄の中には、他者の気づきからさらに気づいたことの交流も見られます。

　宿題に取り上げる番組は、「お伝と伝じろう」、「しまった！」、「プロのプロセス」など教科のコンテンツ要素よりも、コンピテンシー要素が強いものを取り上げるようにしています。その際には、番組を無作為に

取り上げているのではなく、番組最後のポイントで押さえている内容が実態に合うかどうかを判断しています。

　これらの家庭での視聴では、一斉視聴とは異なり、番組視聴を通して得られた気づきを実際にやってみるということは難しいです。視聴での気づきが授業場面と直結することに多少の時間がかかります。ただ、アンテナを張っておくことによって、授業の中で番組視聴での気づきをいかしている行動や発言が子どもたちに見られます。それを教師が拾い、意味を確認することによって、そのよさが教室の中で新たな価値となり、他の場面でも活用されていくこととなります。

◇情報端末の積極的活用③
〜活用状況を子どもに評価させる〜

　これまでは探究的なサイクルに位置付く学習過程の中で、情報端末を活用する際には、パソコン室にあるPCを活用したり、学校全体で共有する情報端末を活用していました。このパソコン室に行ったり、共有する情報端末を取りに行ったりする手間が非常に大きく、結果的に情報端末の活用頻度が下がる原因となっていました。それが、GIGAスクール構想に基づき、個人で占有できる情報端末ができたため、課題を設定する、情報を収集する、情報を整理・分析する、まとめ・表現するという学習プロセスの中に情報端末を今まで以上に多く位置付けることができるようになりました。

　ただ、むやみやたらに活用すればよいというわけではありません。その場面における情報端末の活用が適切かどうか判断することが必要です。この適切かどうかの判断というのが非常に難しいものです。そもそもその判断は誰がするのかというところを含め、長期的な視野をしっかりと持っておかなければいけません。このような考えをもつようになったのは、過去の失敗体験が根底にあるからです。ここでは、その失敗体

験に基づき、どのように端末活用を学級の中で位置付けているかについて述べていきます。

　2019年度後半に学級に人数分の情報端末が配備されることになりました。今でこそ、情報端末は個人の道具箱に入れておくことが可能ですが、当時はセキュリティの観点から、鍵のかかる部屋で保管をしておかねばなりませんでした。途中から面倒になり、運ぶことはこっそりしなくなりましたが、当初は職員室と教室を人数分の端末を持って移動していました。毎日の配布・回収が煩雑になるため、教室後方部にまとめて置いておき、必要な際に担任の承諾を得て、その端末を取りに行くという活用スタイルをとっていました。

　情報端末が教室に配備されたのは、総合で情報を収集する時期であったため、当初は調べ学習をメインに使っていました。「先生、〇〇を調べたいので、使ってもいいですか？」という子どもに対して、いちいち担任が承諾したり、別の資料で調べるよう促したりしていました。

　当時は、明らかに手元にいい資料があるのにも関わらず、その資料で調べず、インターネットでの調べ学習を選択することに抵抗感をもっていたため、そのようなスタイルをとっていました。ですが、ふり返ってみると、この活用スタイルを継続していたことがよくありませんでした。調べ学習の際に使うメディアを選択するものさしがいつまでも教師にあり、彼らが自分の判断に基づいて選択できなかったのです。

　それゆえ、2020年はこのような承諾スタイルはとらないことにしました。第一に経験をさせ、その経験に基づいて、そのメリット・デメリットを学級内で共有します。調べ学習を例に取れば、インターネットで共通のことを調べさせ、その後、調べてわかったことを確認した際に、難しかったことや困ったことなどの確認も必ず行います。「たくさんありすぎてどれがいいかわかりづらかった」や「どのようなキーワードで調べるかが難しかった」といった課題などが出てくるため、このことを次

につなげることができます。例えば、インターネットではたくさん情報があふれているから選択が難しいという特性をおさえていれば、手元に資料がある場合、優先すべきは手元にある紙の資料であるという判断のものさしをもとに、自己決定ができます。仮にその判断が適切でない子がいた場合、確認したことをもとに、個別に対話する中で、学びを修正していくことができます。そして、各々が活用に関する自己決定やその評価をくり返す中で、学習過程の中で効果的に端末を活用できるようになるのです。このことは教師が活用を承諾するというスタイルとは全く異なります。

　これについて、2019年、2020年の2年間担任した子どもに違いを聞いてみました。すると、以下のような答えが返ってきました。子ども自身も端末を手元に置くことの重要性を感じています。

🙂 子どもの感想

- 3年生の時も4年生の時も、学びのためであれば何に使ってもいいよと先生は言ってくれていました。だから、どっちの時でも使おうと思ったら使えました。でも、4年生の時の方がいっぱい使っています。今は、机の中にあるからすぐ使えるけど、3年生の時はいちいち先生のところまで行って「いいですか？」と聞かなければならなかったからです。だけど、たまに誘惑に負けちゃったり、いつの間にかちがうことをしちゃっている子がいるので、みんなに声かけをしていきたいです。

学びの越境を生み出すヒューマンネットワーク

8章

◇ラッキーパンチは続かない

　2019年の公開研究発表会における授業検討会の場で、「つながりをつくり、教室に人を巻き込むという点は優れているが、福田実践は参考にしづらい一面をもっている」という意見をいただきました。この書籍では取り上げてはいませんが、2019年より前の実践でもいつしか多くの人が授業に長期的に参画し、子どもたちと同じような目線で共通の社会的課題について考えるようなことが多々ありました。つくづく、運がいいし、恵まれているなぁと思ってはいたのですが、ふとした瞬間に、これは本当に運がいいだけなのか、ラッキーパンチがこんなにも続くことはないだろうと考えるようになりました。

　そこで、人とつながりをつくるために自分が取り組んできたことをあらためて整理し、4つのパートに分けて述べていきます。

◇学校を飛び出てみる

　つながりを生み出すためには、学校の外に目を向け、関係性を構築するためのアクションを起こすことが大切です。人とのつながりを構築すると言っても様々ですが、まずは、授業に直結する人を探し、その人に会って話を聞いてみることが最初の一歩です。学校外の人とのつながりを構築するために行動すると考えると身構えてしまうかもしれませんが、教材研究を深めるために話を聞きにいくと考えれば、そこまで大きな一歩にはなりません。それに、授業と直結した人の話を聞くわけですから、資料では得られないリアルな思いや考えに触れることになり、間違いなく自身の授業づくりに何らかのフィードバックが得られます。

　教材研究をしている中で、関連する記事を読んだり、ニュースを見たりした際に、「おもしろいな！」と思う人の考えや行動に出くわす瞬間が誰にでもあるはずです。そんな時は、「この人、おもしろいな」で終わるのではなく、迷いなくコンタクトを取ることです。今の時代、メールやSNSもあるので、直接面識がなくともつながろうと思う気持ちさえあれば、何の問題もなくつながることができます。面白い人だなという感覚をもった時には、必ず何らかのコンタクトを取ることを心がけています。そもそも、そんな簡単にコンタクトを取れるのかと思うかもしれませんが、「学校の教員です。授業での題材として取り上げたいので、少しお話しを聞かせてほしいです」と言えばいいだけです。もちろん先方のご都合などはありますが、子どもたちのためになること、教育に関することという大義名分があるので、これまでの経験上、たいていはOKでした。これは自分の見立てですが、多くの人は、「子どものためになるのであれば…」という気持ちや、「学校関係者であるのであれば…」という気持ちをもっているのではないでしょうか。

　ここまでは、授業と直結する人とのつながりでした。次は、即座に授業と直結はしないかもしれないけど、何らかの形でつながるであろうと

いう人とのつながりです。この点については、一つ大きなポイントがあります。それは、人からの紹介です。おもしろいなと思った人と会話している中で、「なんか面白い人いないですか？」と聞いてみましょう。文字にしてみると、非常に抽象度の高い言葉ですが、会話の中で相手に自分が興味をもっている要素が伝わったときに、この言葉は大きな効力を得ます。「ああ、それなら、こんな人とかこんな人がいる」と具体的に名前を挙げてくれます。そして、あわよくば紹介してもらい、また話を聞きにいきます。映画の趣味があう人に、紹介してもらった映画はたいていおもしろいと感じるのと一緒で、紹介してもらう人は、たいていおもしろいと感じるものです。そして、特に総合の授業の場合、その人を起点に構想が広がっていく可能性があります。特に 2019 年度の取り組みは、この紹介につぐ紹介で授業がどんどん広がっていきました。

　また、学校の教員は、名刺を持っていなくても困ることはありません。日々の教育活動に、特に支障はありません。これはあくまでも自分の感覚ですが、いろいろなつながりをもとに授業を展開していくことを得意とする教員は、名刺を持っているように思います。外とのつながりを意識しているため、使う必然性があり、持っているのでしょうか。非常に表面的なことかもしれないのですが、この名刺を持つということも大事です。そもそもあっても全く邪魔になるものではありません。

　私は大学附属の学校に籍を置いているので、教員志望の学部生と接することがよくあります。彼らからよくある質問に「今のうちにしておいたらいいことは何ですか？」というものがあります。その質問に対しては、「いろんな人と出会って、つながりをつくることじゃないかな」と伝えるようにしています。そして、その際には、「学生でも名刺作った方がいいよ」とアドバイスをします。もちろん、その後に全員が持つわけではないのですが、「先生、名刺作りました」と実際に作る学生は、とにかくいろいろなところとつながっていくものです。SNS を見ていてもわかりますし、「お、あの先生とも面識ができてるんだね。おもしろ

いよね」なんて会話がよくあります。そもそも名刺を持つと、せっかく作ったのだから使わないと、という意識になりますし、先ほど述べましたが、邪魔にもならないのですから、ひとまず持っておくことをオススメします。

◇授業に参画してくれた方の心をつかむ

　何かのご縁があり、授業に参画してくださった方には、学校からお礼としての菓子箱などをお渡しすることがあります。最低限の気持ちとして、お渡しするのですが、そもそも授業に参画してくださった方は見返りをそこまで求めていません。根本に、自分の取り組みを子どもたちに伝えたいという気持ちや、学校や子どもたちの役に立ちたいという気持ちがあるから学校との関わりをもってくださるのです。

　そのため、一番ほしいのは「今日の授業はどうだったのか？」というフィードバックです。実際に、授業終了後、「あんなんでよかった？」と聞かれることがよくあります。もちろん、玄関までお送りするまでの間に、教師の捉えを話すことはありますが、ほんの短い間にしかすぎません。ですから、私は何らかの形で詳しく授業のフィードバックを伝えるようにしています。

　ここでは、後日直接お会いしに行くことや、メール、電話、手紙など様々な手段が考えられます。いずれの手段にせよ、相手には参画によってどんな価値があったかということを伝えます。具体的には、「〇〇という部分の話が子どもの心を動かしていたように思います」や「□□の部分が今後の学習展開に

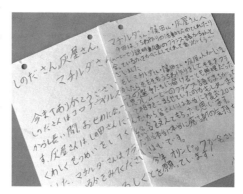

大きく影響していくはずです」など、話してもらったことや見せてもらったことの詳細を取り上げるようにしています。また、子どものふり返りを見てもらうというのも非常によい方法です。授業者が語らずとも、子どもがどう捉えたのかということが如実に記載されているからです。

　また、毎回というわけではないのですが、子どもが手紙を書き、お渡しするということも最近ではよくします。特に、2020年度は子どもたちから「先生、〇〇さんに来ていただいたんやから、手紙書かんなんやん。紙ください」と催促されます。八つ切り画用紙を16等分したものを配り、自宅で書いてきてもらい、翌日それをまとめ、何らかの形でお渡しするという流れです。直接お会いしに行った際には、その手紙を引き合いにしながら話をすることもあります。

　ここまで、参画してくださった方に関するフィードバックのことについて述べてきましたが、このことが次につながると確信しています。このフィードバックによって、「そう捉えてくれていたのか」や「子どもたちに伝えたことの意味があったな」ということを強く実感してくれるのです。そして、このフィードバックを通し、学校教育に参画することによって生まれる気づきが得られることになります。このように学校教育に関わる価値を見出した時に、それ以降、積極的に関わってくださるようになります。最初は、依頼があって参画されていた方も、「いつでも呼んでくれていいからね」とか「また、行きましょうか？」と声をかけてくれるようになっていくのです。

◇仲間を増やす

　自らの足で学校の外に出てつながりをつくることはヒューマンネットワークの構築にあたっての基本ですが、これだけでは不十分です。こちらから足を運ばなくとも、第三者の方から関わりを求めてきていただくというのが理想です。これは非常に難しいことですが、これがあると大

きくネットワークが広がっていきます。これは、2019年度に強く実感したことです。実践が展開していくにつれ、授業に参画してくださる方が徐々に増えていきました。自分の足で関係性を構築しにいった方はごくわずかで、ほぼ、実践パートナーの方や知人から「先生の求めてそうな人いるんだけど、どうかな？」や「一度会ってみませんか」との打診があり、新たなつながりができました。実際に山田滋彦さんと出会うことができたのも、Aさんによる紹介です。

　後日、Aさんに、「そもそも何で滋彦さんと自分をつないでくれたのですか」と質問してみました。すると、「先生のしたいこととか挑戦したいことがすごく伝わったから、そのバトンを誰かに渡したいと思った」と答えてくれました。やはり、自分のしたいこととかやりたいことは内に秘めておくのではなく、どんどん声に出すことが大切なんだと実感しました。ヒューマンネットワークを広げる主語が自分1人であると、間違いなくここまで広がりませんでした。逆に、ヒューマンネットワークを広げる起点を自分1人から、複数の人の手によって広げるという構図に変えていけば、どんどん広がっていくことになるでしょう。

　この際のポイントが、学校での取り組みを認知してもらうことです。何もない中で取り組みの認知というものは起こりません。認知のきっかけになるもの、それが必要です。2019年の取り組みの場合、それは自身のブログでした。ただブログは、あくまでも自身の授業の質を高めるための考察の場として活用していました。そのため、ターゲットをどこかにしぼり、読み手を意識したものではありません。ですが、授業の概要がわかったり、自身の授業観をつかめたりします。実際に、ブログを介し、自分のことを紹介してくれた人がいたことがきっかけで山田滋彦さんと出会うことができました。山田滋彦さんは、そのブログに書かれている内容に共感し、会ってみたいと思ったそうです。

◈社会的認知を高める

　私の場合、ブログという手段で取り組みの蓄積を行い、第三者がそれを広げていってくれる中で、新たなつながりが生まれました。しかし、ブログを定期的にアップしていくことは決して簡単なことではありません。

　ブログに変わり、その認知のきっかけとなる大きな役割をもつもの、それはメディアです。メディアに取り上げられることによって、取り組み内容への社会的認知が一気に高まります。「こんなことをしている授業があるんだけど」と誰かに伝えてくれる際のきっかけにその記事を見せることもできますし、そもそも記事を読んでいることから、「あー、この間、記事にのってたやつだね」と、すでに知っている状態で説明をスタートすることもできます。

　これまで多くのことをメディアに掲載してもらいましたが、必ず何らかの反響があります。一番多いのは、「記事見たよ。頑張ってね」というあたたかい声かけや、応援の手紙などです。なかなかないことですが、「うちともやりませんか」という新たなつながりとなるような声かけもなかにはあります。メディアがもつ力というのはやはり大きいのです。

　問題はメディアに取り上げてもらうための方法です。今では、何かあった時、知人の新聞記者の方に直接声をかけて授業に来ていただくということをしますが、知人に新聞記者の方がいなかった場合はこれができません。そもそも数年前まで、私自身、気軽にコンタクトを取ることができる新聞記者の方はいませんでした。その際に、利用すべきなのは、プレスリリースです。以下が、私がたたき台を作成し、オリンピック関連推進事業室の篠田さんが修正してくださった実際のプレスリリースです。このようなプレスリリースを作成し、報道関係各社にコンタクトを取ればいいでしょう。

　ただ、学校の取り組みが何でも記事になるかといえば、決してそうで

はありません。学校とどこかが協働し、新規性の高いことに取り組んだタイミングや、社会的価値あることに取り組んだタイミングでプレスリリースを出すことが有効です。また、行政機関や会社と協働で行った際には、先方からプレスリリースを出してもらった方がよいでしょう。そちらの方が取材に来る方が多いです。このことが気になって調べていただいたのですが、金沢市役所の場合、プレスリリースは29社に送られるようです。学校には、そのような数を送る仕組みはないわけですから、当然の結果かもしれません。

記者資料

令和 2 年 12 月 17 日
オリンピック関連事業推進室
担当：桑 原 TEL：220−2020

フランス・パラ水泳チームへのエールを込めて
金大附属小学校の児童が「金沢からかみうちわ」を制作します
〜メッセージ動画を添えて、来年1月末ごろにフランスへ送る計画で！〜

　同校では総合的な学習の時間で「小学生が考えるコロナウイルスの影響　〜東京オリンピックに向けて〜」を題材として学習を進める中で、7月の本市職員による出前講座を通じてコロナ禍でのアスリートの現状を知り、小学生の視点から何かできることはないか議論をおこなった。
　その結果、東京オリンピック・パラリンピックの事前合宿で金沢に訪れる予定のフランス代表選手あてに「金沢からかみうちわ」を制作して送ることが発案され、当日の授業でうちわが完成する。

○概　要

授業日：令和2年12月18日（金）13:10〜15:00

場　所：金沢大学附属小学校（金沢市平和町1−1−15）

参加者：複式学級児童（3・4年生）24名

講　師：金沢からかみ研究会　永嶋　明 氏ほか

内　容：今年の授業で題材としている「近江町市場」にちなんで児童がデザインした加賀野菜や水産物等の図柄のスクリーンを用いて、からかみに紋様を抜き取り、うちわの骨組に貼り付けて完成させる。

※取材をご希望の場合は事前にご連絡ください。
オリンピック関連事業推進室（076-220-2020）

【金沢からかみとは】
模様紙というと「京からかみ」や「江戸からかみ」が有名ですが、「金沢からかみ」は存在していませんでした。そこで2011年、石川県表具内装協同組合の有志が「金沢からかみ研究会」を立ち上げ、「木虫籠」（きむすこ）や「雪づり」などおよそ20柄を「金沢からかみ」として発表しています。

※なお、本事業は内閣官房東京オリンピック・パラリンピック推進本部が実施する、「オリパラ基本方針推進調査事業」（パラリンピックを受け入れるホストタウンの拡充等）の選定を金沢市が受け、フランスパラ水泳チームに向け実施するもの。

パートナーからの異なる視点

◆「子どもたちとの協働から生まれる未来のかけはし」
──やまだのりこさん（建築士）

「やまだのりこさん、教室に来てくださ〜い」複式学級の子どもたちから動画メッセージをもらったのは、2019 年 8 月のこと。可愛すぎて、もー。胸キュンキュン。総合的学習の時間を使って、1 年を通じて「空き家問題」に取り組んでいることは聞いており、その時から、これが本当に小学生の授業？というレベルの高さにビックリ！していたのですが、「おくりいえプロジェクト」の話をしに行ってさらに!! そのことを強く感じました。

　授業の話の前に、おくりいえのことから。始まりは 2009 年。金沢に残る町家は約 6000 軒、内 270 軒 / 年（現在は約 100 件 / 年に減少）が姿を消していると耳にしたところからです。建築家の先輩の隣の町家が

146

数日後に取り壊されると聞き、建築に携わる者10人ほどで、消えゆく町家を毛糸で彩り、最期を看取りました。人の最期に死化粧をしキレイにして見送る、それは家も同じ。その時に「おくりいえ」という名がつきました。取り壊される町家を「送る」から始まりましたが、5回目に、その町家に住みたいというご夫妻が現れます。「送る」から「贈る」になった瞬間です。「中にはゴミがいっぱい、このままでは住めない。」ということで、みんなでぴっかぴかにお掃除して、次の住まい手に贈りました。以後55回（2021年3月現在）まで、9割近くが「贈る」になっており、イベント内容としても、これが定番となっています。

　この後に登場する、株式会社こはくの山田滋彦さん（以下、滋彦さん）が運営されている「In Kanazawa House」も、実は、おくりいえをしています。10回目、2011年9月のことです。その後「まちやアトリエ」として活用され、2018年に滋彦さんが運営されることとなります。そのタイミングで、私も再度、この町家に関わらせてもらうことになりました。金沢町家はもちろん、金沢の伝統文化も大切にしていきたい。滋彦さんと想いは共通しており、改修の中で、町家空間を大切にすることはもちろん、金沢らしい文様をモチーフとした「金沢からかみ」を襖に使っています。それを子どもたちが見つけてくれたのは、この後の大きな動きです。

　授業の中で、おくりいえの話をさせてもらったところ、伝わる＆響くスピードが、大人より早いという衝撃！がありました。その流れの中で、おくりいえを続けている理由を考えて、出し合ってくれて。そのどれもが正解という感動‼️もありました。場の空気を共有し、互いを尊重し合い、心の奥に染み込んでいく。子どもたちの頭の回転の速さとしなやかさ、美しさにノックダウン寸前でした。授業が終わり、笑顔＆元気いっぱい‼️ キラキラした瞳のこどもたちが寄って来てくれたのもとても可愛く、これまた、胸キュンキュン。とても幸せな時間でした。

　そして、ここから。滋彦さんの登場により、コトは大きく動き出し

ます。金沢からかみはもちろんのこと、様々な金沢の伝統文化の研究、観察、深掘り。実際手を動かしてみてからの、話し合い。子どもたちの取り組みが、地域からも社会からも、注目を浴びていくことになります。子どもたちとの協働は、地域がより輝き、ひいては日本の伝統文化がより先の未来にまで届く可能性が高くなります。

　また、この授業での取り組みがきっかけの一つになって合同会社ふるーたすを立ち上げることもできました。未来に向けての大きな扉が開かれた「今」を見させてもらいました。

◆ 「社会との関わり」——岡部 彩さん（株式会社こはく）

　私の娘は 2019 年度、金沢大学附属小学校の複式学級に在籍し、福田先生の総合学習に参加させていただきました。その前年度の総合学習では各自追究ノートを作成し、生徒 1 人 1 人が興味をもったものについて調べていたので、その調べ学習の経験を生かし、グループや学級全体で取り組むことにスムーズに発展させることができたと思います。多くの方々のご協力により素晴らしいものとなった総合学習を、保護者の視点から紹介させていただきます。

　始まりは、学校周辺の探検でした。学校の周りには何があるのだろう？とワクワクしながら出かけたところ、崩れかけそうな家屋を発見したそうです。子どもたちは「誰か住んでいるのかな？」「壊れそうで危ないな」「近所の人たちはどう思っているのかな」など、様々なことを考えたそうです。そこから、空き家問題について考えることになりました。

　実は我が家は旧市街地にあり、古い家屋や空き家も多いのですが、それまでは特に注目することもなく過ごしていました。しかし、娘の話をきっかけに、近所の町家を改修した「夜の図書館」に行ってみようということになりました。夜だけ開いているその図書館は、町家の落ち着いた雰囲気を残しつつ、たくさんの本に囲まれた暖かい空間でした。豆か

らひいたコーヒーをいただきながら、館長の佐々木さんとお話しているうちに、私も娘も町家のもつ暖かさに包まれていきました。空き家の活用を実際に行っている方にお会いして、町家の活用に興味を持ち始めました。

　後日、佐々木さんから紹介していただいた建築家のやまだのりこさんが行っている、「おくりいえ」の活動を見学しに行きました。この活動は空き家になった家への感謝のため、みんなで掃除したりいらなくなった家具を引き取ったりしているものです。裸電球があったり、押し入れの壁に古い新聞を張って補正してあったりして、娘はまるでトトロの五月ちゃんのおうちみたいだと目をキラキラさせて探検していました。

　建築家のやまだのりこさんから、山田滋彦さんにつながり、そこから実際に子どもたちが参加するような町家の活用プロジェクトへと移っていきました。山田滋彦さんはすでに町家でいろいろなイベントを行っており、その経験を生かし子どもたちの企画に協力してくださいました。町家へ人を呼ぶためにどんな企画をしたらいいかを考え、具体的なプランを作ることになりました。それまでに町家について理解を深めてきた子どもたちは、自然に文化や伝統などに結びつけたいと考えたようです。からかみ体験、染め物体験、料理体験などの案があがり、それぞれのグループで実現に向けて詳細を練っていきました。残念ながら、実際に体験イベントはできませんでしたが、どうしたら楽しいイベントになるかを話し合い、そのプランを山田さんにプレゼンテーションをして、自分たちで企画立案する楽しさを知ることができたようです。

　2019 年の総合学習で、子どもたちは自分たちの感じた疑問や問題にどう取り組んでいくか自分たちで考え、社会ではどう取り組んでいるのかを知ることで、学校外の社会との関わりを肌で感じることができたと思います。このような貴重な経験ができたのは、校長先生をはじめ、福田先生などの理解とご協力があったからです。教室内、学校内で学べることは限られています。社会との関わりをもつことで、学校教育がより

豊かで生きたものになると感じることができた学習だったと思います。

◆「誰一人取り残さない学び」──阿部竹虎さん（北陸中日新聞）

「今の意見、どういうことかわかる？」──福田晃教諭がしばしば複式学級の児童たちに投げかける問いだ。小学3、4年生の子どもだから当然、発言した内容の論理が明確でない場合も多い。「？？」が残るまま進むのではなく、別の児童に補強する説明をしてもらうことで、クラス全体で共通の理解を得ることができる。最初に発言した児童も、取り残された感じがしない。「誰1人取り残さない」をテーマとする国連の持続可能な開発目標「SDGs」を持ち出すまでもなく、福田教諭は日々そういう実践をしている。

　さまざまな意見を言い合うと、意見がぶつかることもある。児童たちもそれは承知していて、手を上げて発言する前に「（さっきの意見に）似ています」「少し違います」と言ってから自分の意見を述べていたのが印象的だった。福田教諭は集まった意見を黒板にまとめて、「あなたの意見はこのグループに含まれるね」といったように集約していく。大人の会議でも同じだが、意見は言いっ放しではまとまらない。地域と連携して課題解決に取り組む授業のあり方として、一つの有効な形が示されていると思う。

　私が福田教諭の授業を取材したのは2回あり、最初の出会いは2020年7月。新型コロナウイルスが社会にもたらしたさまざまな影響を考える総合的な学習の時間の一環で、金沢市オリンピック関連事業推進室の職員を招いた回だった。東京五輪・パラリンピックが延期となり、フランス、ロシア両国の競泳や飛び込み、重量挙げなどの選手団の事前合宿や、聖火リレー、パブリックビューイングなど準備をしていた事業が全て延期となっていたことを学んだ上で、児童は「自分たちに何ができるか」を議論。そこで浮上したのが、制作に関わった唐紙のうちわを選手

団に贈るアイディアだった。

2回目は2021年2月。石川テレビ放送の情報番組「石川さん情報Liveリフレッシュ」に北陸中日新聞（中日新聞北陸本社）の記者が交代で出演し、取材した記事を紹介するコーナーがあり、自分の回で福田教諭の授業を特集しようと思ったのである。

年間を通じて総合的な学習の時間を使って新型コロナウイルスの影響を考える中、テーマの一つに近江町市場の活性化が含まれることは知っていた。電話で福田教諭と打ち合わせた際、ふと「市場の活性化に向けて授業しているのでしたね」と尋ねたのだが、福田教諭は「こちらから目的を与えるようなことはしていません。どんな方向に進むかは子どもたち次第なのです」という答えが返ってきて、私ははっとした。活性化というゴールを定めて児童の意見を集め、実現できそうなものから実現するのは簡単で、大人が思いつきやすいスタイルだ。でも、福田教諭はそうはしていなかった。どこに進むかわからないから子どもたちもわくわくするし、見守る大人もサポートがしたくなる。移動しながら目的地を決める旅のような楽しみがあるのだと思う。

実際に取材のためクラスに入ると、壁には学習の成果をまとめたさまざまな紙が壁一面に貼ってあった。中でも目を引いたのが、「子育て世代の地元客があまり近江町市場に行かない理由」と「複式学級のおうちの人があまり近江町市場に行かない理由」を調べたアンケートの結果だ。「遠いから」「スーパーになれている」「駐車場が有料」といった回答が上位にあった。設問が明確な上、集まった回答も課題解決のヒントになるものばかりで、私はとても刺激を受けた。金沢大学附属小学校は市場から南へ4キロほど離れており、そこに通う児童の保護者たちの率直な回答であることを考えると、郊外の暮らしと中心市街地の暮らしの対比が、リアリティをもって浮かび上がっているのではないか。中心市街地の活性化は全国の地方都市共通の課題であり、独自にデータを取って全体像を明確にする福田教諭の授業の手法は、新聞記者としての気づきを

得られた。

　私はこの授業を取材した直後、異動で3月から三重県志摩市に転勤した。距離的に離れてしまったので難しいが、今後、複式学級の子どもたちがどんな風に成長するのか、継続的に見てみたいという思いは常にある。今まで数々の小中学校や高校、大学を取材してきたが、授業への熱量や発言の理路整然さでは、複式学級の子どもたちは高校生や大学生を上回っているとさえ感じ、大きな可能性を秘めていると思うからだ。今後の取材は北陸中日新聞の後輩記者たちに託し、三重県からそっと見守ることにしたい。

◆「否定しないことがクリエイティビティの第1歩」
──灰屋英成さん（金沢市オリンピック関連推進事業室）

　今回の複式学級での授業では、私が感心した点は、「打てば響く」、「物事を否定しない」という2点である。

　これまでの私自身の経験も踏まえ、私が小学生に対して持っていた印象は、吸収力や柔軟の発想がある。しかし高学年以上になると、こちらが話しても反応が薄いというものだった。ところが今回の複式学級は、吸収力や発想はもちろん持ち合わせ、さらに「打てば響いた」。響いたところか、大きく反響してくれて、毎回、授業に伺うことが楽しみだった。

　今回の授業テーマは、「コロナ禍でのオリパラ開催」という、先行きが不透明で、ともすれば批判を浴びそうな内容であった。それにもかかわらず、彼らからは、「オリパラは開催できない、選手は来日できない」、「わからない」などという否定的な反応は一切なかった。むしろ、そのような状況でも、金沢市とホストタウンとして事前合宿を行う予定のフランスとが、どうすればこれまで以上に友好的になれるか、フランスの人たちに金沢のことを知ってもらえるか、どうしたら選手たちが喜んでもらえるのかを真剣に考えてくれた。

授業は、生徒各自が様々なアイディアを出し合った後、積極的に話し合い、実現可能なものを見つけ出していくという方法で進行された。こちらからは特に指示していないのに、生徒たちは良いアイディアであっても、実現できなければ意味がないことを理解しているようだった。その結果、コロナ禍で不安定な状況にあるフランスの選手を応援するため、それぞれが金沢らしいものを書いたうちわを制作し、応援メッセージを添えて送るというアイディアに行きつき、見事に実現してくれた。

　このように、物事を否定しないこと、どうすればできるかを考えることが、クリエイティビティの源泉なのだろう。年をとるにつれて発想力がなくなると言われるのは、大人になると様々な理由で保守的になり、「できない、わからない」と言うことがどんどん増えるからではないだろうか。

　我々行政職員は、時に、疑問や不安を抱えながら業務に従事しなければならないことがある。現在のコロナ禍でのオリパラ関連業務はまさしくそれにあたる。新型コロナウイルスの影響で、オリパラ開催を1年間延期することが決まってから、私は毎日、本音と建前の間で揺れ動いていた。開催することを大前提にいろいろな準備をしなければいけない部署に所属しているにもかかわらず、開催不可能だと頭をよぎったことは一度や二度ではなかった。

　そのような中、複式学級で授業する機会をいただいた。当初は僭越ながら、市職員が講師として授業を行うというものであったが、彼らの姿勢を見ていると、感心するだけでなく、こちらがモチベーションという大事なものをいただき、力強く背中を押された思いである。

◆「ホンモノから学ぶことの可能性」
──西川智久さん（近江町市場振興組合 お！のある暮らし編集部）

　学校教育と社会が結びつくことによる可能性や価値について、まず私

が感じたのは、生徒たちの柔軟な発想力は社会にとって大きな価値になり得るであろうということでした。

　今回、共に課題に取り組んだ「地元商店街の活性化」というテーマは正解がなく、また、結果もわかりやすく目に見えるものではありませんでした。それは通常の学校教育とは異なり、生徒たちにとって「ゴール・答えが見えない」ことを考えるということはとても難しかったと思います。

　しかし、今回の課題は、答えは見えないけれど、自分たちが調査し、体感し、経験することで、それは自分たちの身近で起こっていることであり、他人事ではないということを肌身で感じた上で学習に取り組めたのではないでしょうか。

　教科書に書いてある文章ではなく、自分たちで店主から聞いた話。教科書に書いてある数値ではなく、実際に計測された数。教科書に書いてある風景ではなく、自分の目で見た景色。経験したことを前提として、自分たちで定めた課題に取り組むにあたり、現実感を意識することで、机上の疑問を想像して解決策を考えるということではなく、より現実的・具体的に物事を考えられているなと感じ、それこそが学校教育と社会が結びつくことで育まれる力なのではないかと思えました。

　私は文頭の「柔軟な発想力」というのは子どもは誰しも持っている能力だと考えています。自由で柔軟なアイディアは聞いている分にはとても面白く感心させられますが、現実感・実現性を感じることはあまりありませんし、そもそも学習において実現性を求められることがあまり多くありません。その結果、物事に取り組むときに「どうすればそのアイディアは実現可能なのか、そして継続できるのか」という部分が抜けてしまっていることが多々あります。それではせっかくのいいアイディアも絵に描いた餅、それが社会に結びつく価値になることはありません。

　しかし、今回取り組んだように、社会と繋がり、自分たちで現実を知った上で試行錯誤をするというプロセスを経た「柔軟な発想力」はとても

価値のあるものになります。ただ考えるだけではなく様々な角度から物事を見て捉え、その時々の課題を解決する思考力を養うために、学校教育と社会が結びつく機会が増えていくことで、そこから新たな可能性や価値が生み出されていくのではないでしょうか。

◆「余白を与える「教え」」──永嶋 明さん（表具職人）

　この授業に参加したきっかけはやまだのりこさんに声をかけられたからですが、自分の中にも思うところはありました。

　自分はずっと職人の世界で生きてきたわけですが、どこの分野でも後継者がいません。日本人の生活スタイル自体が変わってきているので、だんだん畳やふすまのある生活から離れていっています。自分の孫ですらそうです。ですから、そういう日本の文化を残すことをもっと真剣に考えなければならないというのが根本にありました。ただ、自分の子ども世代にそれを伝えてきたかというと決してそうではありません。家にもベッドを置いてきましたし、自分自身、畳の部屋で過ごすことも少なくなっています。今の子どもたちに文化を体験してもらうということが必要だということに、この年になってやっと気づきました。

　そんな思いがあって、子どもたちと関わるような機会を大切にしています。いろんな体験の場で、できるだけ子どもたちと接するようになりました。自分が子どもたちに何かしてやれることはわずかで、こういう体験をさせることしかできません。それでも、そんな地道な一歩が大事かなと思っています。特に小学生くらいの頃はまっすぐですし、素直です。それに小さい時に経験したことは、後々まで記憶に残るものですから、小学生と関わるようにしています。

　いろんな形で子どもたちに体験させているのですが、そのほとんどが数時間で終わるものです。長期にわたって関わることはありませんでし

た。今回の授業では2年間にわたって関わらせてもらいましたが、こちらが気づかされることがたくさんありました。

　体験的な活動では、こっちが子どもたちに教えるので、子どもたちはたいてい受け身です。それが、今回の授業では、それぞれの子たちが受け身ではなく、興味をもって自分からゴールへと進もうとする気持ちがものすごく伝わってきました。その姿を見て、自分ももっとやらなきゃいけないなと感じました。

　子どもたちが2020年に作った団扇の型を見ても、非常に面白いと感じました。大人はまず、あのような型を作れません。すごくいい。1つ1つにオリジナル性がありますし、枠にとらわれていないものが多いです。こういう子どもの作品や発想が世の中にもって広がるといいのにと、授業の度に思っていました。

　また、私自身、すごく考えさせられました。自分の考え方が変わったと言ってもいいくらいです。

　職人はお客さんから注文のあったものを確実に作るのが仕事です。だからこそ、後継者に自分の技術を確実に教えてきました。「見て覚えろ」「こうするもんだ」という一方的な教えです。自分もそういう道を歩んできましたし、それが当然のやり方でした。

　それが、今回の授業では違いました。子どもの方から関わってきます。こちらが何か言ったとしても、最終的な判断は子どもたち。その分、あの子たちはたくさん失敗していました。

　ただ、失敗することで自分から尋ね、そこで聞いたことをまたやってみるという流れが起きる。教えるのではなく、対話。これは、職人の物の作り方や考え方とは違います。失敗することでいろいろ考え、自分で頭を働かせるようになるんだなと感じました。

　それ以降、私も後継者に何かを伝える時には、「こうしたらうまくいく」と全部伝えるのではなく、余白を残すようにしています。そんなやり方を子どもたちから学びました。

「金沢が好きな人は手を挙げてください」「どこが好きですか？」と最初の授業で子どもたちに投げかけると、全員が秒で手を挙げ、それぞれが自分の言葉で金沢の魅力を伝えてくれました。子どもたちと出会ってからまだ3分程度のことでしたが、金大附属小の子どもたちの可能性を感じた瞬間でした。

前職へ転職した時に「Think straight, talk straight」という言葉を数え切れず言われ、数え切れず怒られました。立場に関係なく自分の考えたことを臆することなく伝えるということですが、当時の私は新しい環境へ移ったばかりで、失敗を恐れ周りにも遠慮がちで、自分の意見をタイムリーに伝えることができていませんでした。

しかし、この時代に自分の意見を周りへ伝えることを習慣化したおかげで、福田先生と出会い学校教育に関わる貴重な機会を得られました。福田先生を紹介してくださった方になぜ紹介されたのですかと尋ねたときに、「福田先生と考え方や性格が似ているから何となく合うと思った」と言われました。その方に自分の価値観ややりたいことをお伝えしていたおかげで、福田先生が授業のパートナーを探されていた時に真っ先に私をご紹介いただいたようでした（実際、福田先生とお会いして30分ほどで意気投合して授業に関わらせてもらうことになりました）。

私は金沢へ移住するまでは学校教育に強い関心があったわけではなかったのですが、移住後に古民家再生や観光体験事業など地域の魅力を伝えることを生業にする中で、学校教育の発信力に何となく可能性を感じ、関わる機会を持ちたいとちょうど考え始めた頃でした。

よく「言霊」と言われますが、自分の考えややりたいことを言葉に出すことにより、不思議と道が開けるというか機会をつくることができたのではないかと考えています。

　2年間にわたり学校教育に触れる中で、私が学校教育の中に大きな可能性を感じたのは、子どもの感性の豊かさと実行力です。私を含む大人に欠けているものはこの2つだと考えています。年齢に関係なく人間には感性が備わっていると考えていますが、大人は経験や常識、また過去の成功体験により、本来備わっている感性を十分に発揮できていないと感じています。また実行力においても、所属する社会や組織の制約や経済合理性の観点で、実行力が失われているように感じます。しかしながら、コロナ禍をはじめとする不確実性が高い世の中では現在の常識や過去の成功体験は通用せず、課題や解決策が複雑化し答えがわからない世の中へ急速にシフトしています。この世の中の変化の中で、感性や実行力は益々重要になると考えています。

　また学校教育と関わる中で、私のような地元出身ではなく経験や実績がない人や企業が、地域社会との信頼関係を築くきっかけを得られることも魅力の1つです。これからのビジネスはこれまで以上に信頼関係や共感が事業の成功のカギを握ると考えています。お客様だけでなく、お客様が属する社会、取引先、協業する人や団体を含めた広いステークホルダーとの信頼関係や共感が重要です。CSR（企業の社会的責任）という考え方は一般的ですが、2010年代後半からは競争戦略の研究の第一

人者であるマイケル・ポーター氏が提唱する CSV（共有価値の創造）という考え方が世界的に浸透し、事業は社会貢献活動とより一体化されつつあります。

　私はこの事業を取り巻く環境変化の中で、社会貢献として学校や子どもたちを応援するだけでなく、学校や子どもたち、そして地域を守り・発展へ貢献している人や団体と一緒に地域における課題解決のために価値を創造することが重要だと考えています。

　地域課題は人口動態等の構造的な問題に起因し、様々なステークホルダーが関係するため、一朝一夕では解決できませんが、考えるだけでなく実際に行動へ移すことにより、子どもたちだけでなく我々大人にとっても学びが多いと考えています。この 2 年間、金沢大学附属小学校との関わりを通じて、頭の中で妄想していた学校教育が持つ可能性を実際に体感することができ、私の人生の中でも学びの多い時間でした。

株式会社こはく

山田滋彦

● 著者紹介

福田 晃 （ふくだ こう）

金沢大学附属小学校教諭

石川県金沢市出身。星稜高等学校卒業、金沢大学教育学部人間環境過程情報教育コース卒業、金沢大学大学院教育学研究科教育実践高度化専攻修了。石川県公立小学校教諭を経て、2017年より現職。「社会とつながるリアルな学び」の実現に向け、子どもが本気で取り組む授業を目指している。JAPET&CEC主催ICT夢コンテスト2016において文部科学大臣賞（学校）を受賞。NHK for School「もやモ屋」、「ツクランカー」番組編成委員など。

山田滋彦 （やまだ しげひこ）

株式会社こはく代表

京都府京都市出身。立命館大学卒業後、2005年に豊田通商（株）に入社。新興国の物流改善や事業開発に関わり、2011年アクセンチュアに入社。グローバルサプライチェーン、マーケティング戦略、新規事業企画立案等様々なプロジェクトに従事。2018年に株式会社こはくを創業し、古民家再生、着地型体験、お取り寄せグルメ事業等に関わる。古民家好きで、町家の保全・継承を推進する（一社）金澤町家推進機構の理事も務める。

カバーデザイン　砂原久美子（石引パブリック合同会社）　　本文デザイン・組版　佐藤 博

大人を本気にさせる子どもたち
社会とつながるリアル・プロジェクト学習

2021年 8月 5日　初版発行

著　者　福田 晃・山田滋彦
発行者　横山験也
発行所　株式会社さくら社
　　　　〒101-0051　東京都千代田区神田神保町2-20 ワカヤギビル5F
　　　　TEL：03-6272-6715／FAX：03-6272-6716
　　　　https://www.sakura-sha.jp　郵便振替 00170-2-361913

印刷・製本　株式会社廣済堂